Política
Ambiental
Global
e o Brasil

COLEÇÃO RI

Análise de Política Externa • Haroldo Ramanzini Júnior e Rogério de Souza Farias
Cooperação internacional • Iara Leite
Direito das Relações Internacionais • Márcio P. P. Garcia
Direitos humanos e Relações Internacionais • Isabela Garbin
Economia Política Global • Niels Soendergaard
Europa: integração e fragmentação • Antônio Carlos Lessa e Angélica Szucko
História das Relações Internacionais • Antônio Carlos Lessa e Carlo Patti
Introdução às Relações Internacionais • Danielly Ramos
Métodos de pesquisa em Relações Internacionais • Vânia Carvalho Pinto
Negócios internacionais • João Alfredo Nyegray
Organizações e Instituições Internacionais • Ana Flávia Barros-Platiau e Niels Soendergaard
Política Ambiental Global e o Brasil • Matilde de Souza
Política Internacional Contemporânea • Thiago Gehre Galvão
Segurança internacional • Alcides Costa Vaz e Augusto Teixeira Júnior
Teoria das Relações Internacionais • Feliciano de Sá Guimarães

Proibida a reprodução total ou parcial em qualquer mídia sem a autorização escrita da editora.
Os infratores estão sujeitos às penas da lei.

A Editora não é responsável pelo conteúdo deste livro.
A Autora conhece os fatos narrados, pelos quais é responsável, assim como se responsabiliza pelos juízos emitidos.

Consulte nosso catálogo completo e últimos lançamentos em **www.editoracontexto.com.br**.

Política
Ambiental
Global
e o Brasil

Matilde de Souza

Coordenador da coleção
Antônio Carlos Lessa

editora**contexto**

Copyright © 2024 da Autora

Todos os direitos desta edição reservados à
Editora Contexto (Editora Pinsky Ltda.)

Foto de capa
Chris LeBoutillier em Unsplash

Montagem de capa e diagramação
Gustavo S. Vilas Boas

Preparação de textos
Lilian Aquino

Revisão
Bia Mendes

Dados Internacionais de Catalogação na Publicação (CIP)

Souza, Matilde de
Política Ambiental Global e o Brasil / Matilde de Souza. –
1. ed., 1ª reimpressão. – São Paulo : Contexto, 2025.
160 p. (Coleção Relações Internacionais /
coordenação da coleção de Antônio Carlos Lessa)

Bibliografia
ISBN 978-65-5541-475-2

1. Política ambiental 2. Relações internacionais
3. Meio ambiente I. Título II. Lessa, Antônio Carlos

24-2050   CDD 363.700

Angélica Ilacqua – Bibliotecária – CRB-8/7057

Índice para catálogo sistemático:
1. Política ambiental

2025

Editora Contexto
Diretor editorial: Jaime Pinsky

Rua Dr. José Elias, 520 – Alto da Lapa
05083-030 – São Paulo – SP
PABX: (11) 3832 5838
contato@editoracontexto.com.br
www.editoracontexto.com.br

Sumário

INTRODUÇÃO 5

PROBLEMAS AMBIENTAIS 11
    Contextualizando 12
    Uma nova era geológica? 19
    Conceitos 26
    Interdependência 33
    Desenvolvimento sustentável 36

POLÍTICA AMBIENTAL INTERNACIONAL 41
    Conceitos 45
    Uma perspectiva a partir das grandes conferências ambientais 53

GOVERNANÇA AMBIENTAL GLOBAL 71
    Introdução à ideia e ao campo de conhecimento
        da governança ambiental global 72
    Desafios 79
    Arenas, processos e atores 85
    Regimes internacionais como estruturas de governança 92
    O papel das comunidades epistêmicas 97
    Segurança ambiental e governança global 99

O BRASIL E A POLÍTICA AMBIENTAL 103
    Raízes da política ambiental brasileira:
        dinâmica doméstica e participação internacional 107
    Consolidação 122
    Reflexos do tempo: passado, presente e futuro 139

CONCLUSÃO 147
SUGESTÕES DE LEITURA 149
LISTA DE SIGLAS 151
BIBLIOGRAFIA 155
A AUTORA 157

Introdução

Meio ambiente é um tema relativamente recente no campo das Relações Internacionais (RI). Ele passa a integrar a agenda da política internacional a partir de meados dos anos 1970, impulsionado, principalmente, pela ação de movimentos ambientalistas organizados em países desenvolvidos e por iniciativas de cientistas e de organismos intergovernamentais. Naquela época, identificavam-se problemas ambientais como poluição, degradação de ecossistemas, superexploração de recursos naturais, mas esses problemas não eram vistos pelos Estados, sobretudo pelos mais poderosos, como questões importantes face aos seus interesses nacionais.

Considerando-se o compartilhamento de recursos naturais, o meio ambiente é um tema com grande impacto nas relações internacionais. Desse modo, além da contribuição dos movimentos sociais para a politização da temática ambiental, sua visibilidade foi ampliada devido à circulação de informações sobre ameaças ambientais globais, a exemplo da depleção da camada de ozônio e do aumento da poluição. Relevante nesse processo foi a consolidação da Ecologia como campo de estudos que, em conjunto com outras áreas da ciência, compõe um corpo de conhecimentos importantes para a ampliação do entendimento sobre o funcionamento do Planeta Terra, que promove e alimenta o debate sobre soluções para problemas ambientais.

O desenvolvimento do conhecimento científico foi fundamental para aprofundar a compreensão sobre os impactos da ação humana nos principais componentes da biosfera, incluindo a atmosfera, os oceanos, o solo, o sistema climático e a biodiversidade. Principalmente após a Revolução Industrial, esses componentes têm sido fortemente afetados pela ação humana, que compromete as condições de preservação da vida no Planeta. As consequências negativas da ação humana no meio ambiente reverberam nas condições de saúde e de bem-estar econômico dos próprios seres humanos. As consequências desses problemas têm efeitos negativos mais evidentes para as populações dos países em desenvolvimento.

Para lidar com tais questões, uma ampla literatura sobre política ambiental internacional foi sendo produzida, ainda oriunda, principalmente, de autores europeus ou estadunidenses. Parte dos estudiosos se concentra em questões ambientais mais específicas, outros as examinam em perspectiva mais ampla. Mas, em geral, essa literatura tem aberto novas temáticas na abordagem sobre conflitos e segurança internacional relacionados à discussão sobre a cooperação internacional, sobretudo através do estudo dos regimes ambientais internacionais e do debate sobre a importância e as condições da governança global.

Essa literatura também introduziu novos atores na análise da temática ambiental no campo das RI, como movimentos sociais ambientalistas, organizações da sociedade civil e do empresariado. Esses atores têm ampliado seu espaço de atuação e sua relevância; eles têm alcançado audiência para seus interesses e atuam na difusão de valores vinculados à sua perspectiva sobre os desafios do desenvolvimento sustentável (DS) e da preservação ambiental. Certamente, eles também trazem novas fontes de tensão e controvérsias, considerando que agem, para além da ação dos próprios Estados, na busca por influenciar a tomada de decisão na política ambiental internacional. Assim, atualmente, as questões ambientais são entendidas como relevantes por si mesmas, entendidas às vezes como concentradas nos desafios interpostos pelas mudanças globais do clima. Ao mesmo tempo, elas afetam outros aspectos significativos da política internacional, como questões econômicas e de comércio, humanitárias e de segurança, dentre outras.

O propósito deste livro é traçar um panorama mais geral da temática ambiental no campo das RI, tendo em vista proporcionar maior entendimento sobre a Política Ambiental Internacional, chamada por alguns estudiosos de Ecopolítica Internacional. Para atender a esse objetivo, o livro está organizado em quatro capítulos, além desta Introdução e da Conclusão. O primeiro capítulo apresenta o conteúdo geral do livro e alguns dos principais conceitos que serão mobilizados nos capítulos seguintes. O segundo capítulo apresenta um panorama da Política Ambiental Internacional por meio do desenvolvimento de alguns conceitos-chave e de uma sistematização do processo histórico de constituição dessa política. Já o terceiro trata a governança ambiental global de modo mais aprofundado, apresentando o conceito de governança ambiental, os desafios postos por ela, alguns mecanismos concernentes à governança e o espraiamento da temática ambiental para outras agendas. No quarto capítulo, o foco é para o Brasil, com o propósito de tratar de aspectos da política ambiental brasileira, observando a dinâmica doméstica e internacional no processo de sua constituição.

Problemas ambientais

O século XX registrou oscilação entre otimismo e pessimismo em relação ao desenvolvimento. O otimismo aparecia na percepção de possibilidades quase ilimitadas, impulsionadas pelo desenvolvimento científico e tecnológico de então. O pessimismo veio na esteira das duas Grandes Guerras e o temor da queda da civilização ocidental. Logo após a Segunda Guerra Mundial, o crescimento econômico reacendeu o otimismo, mas a crise ambiental começou a se esgueirar pelas frestas dessa conjuntura, forçando mudanças no entendimento sobre crescimento e desenvolvimento e abrindo as portas para a recepção da temática ambiental no âmago da agenda da política internacional.

Adicionados às questões anteriores, alguns elementos contribuíram para que o meio ambiente ganhasse espaço na política internacional: 1) o aumento da população humana, que praticamente dobrou entre 1950 e 1987, e que atualmente soma cerca de 8 bilhões de pessoas; 2) o rápido crescimento da industrialização, que foi se ampliando para praticamente todas as regiões do globo, com efeitos sobre o aumento do consumo de bens em geral e sobre a intensificação do uso dos recursos naturais; 3) a elevação do consumo de combustíveis fósseis, que favoreceu o desenvolvimento, mas que contribui para a expansão da produção de resíduos, inclusive os chamados gases de efeito estufa (GEE), principais causadores da mudança global do clima (MGC).

Este capítulo se dedica a introduzir os conteúdos gerais deste livro, discutindo as questões apresentadas acima. Desse modo, a primeira seção contextualiza os problemas ambientais, a segunda discute o conceito de Antropoceno, a terceira conceitua problemas ambientais, seguida da quarta, que aborda a interdependência complexa e suas implicações para o estudo das políticas ambientais. Finalmente, a quinta seção trata do conceito de Desenvolvimento Sustentável (DS).

CONTEXTUALIZANDO

Desde 1970 que se comemora o Dia da Terra em 22 de abril. Essa data foi celebrada exclusivamente por meio digital em 2020 em razão do *lockdown* e de medidas de isolamento social estabelecidas pelos governos da grande maioria dos países para controlar o avanço da covid-19, doença provocada pelo coronavírus identificado no final de 2019, na cidade de Wuhan, capital de Hubei (China), declarada pandêmica pela Organização Mundial da Saúde (OMS) em 11 de março de 2020. Na celebração dos 50 anos desde a primeira comemoração do Dia da Terra, o tema dos debates foi a ação para enfrentar a MGC, fenômeno considerado um dos maiores desafios da humanidade, tema que foi replicado na celebração da data em 2021. Em 2022, o foco foi para o aprofundamento da crise ambiental, agravada pela MGC, e, em 2023, a proposição era de uma aliança global com o lema "Investir em Nosso Planeta".

Em meio às enormes pressões e aos desafios trazidos pela pandemia e no período pós-pandêmico, as condições do meio ambiente continuam preocupando autoridades, líderes políticos, cientistas e cidadãos em todo o mundo. Nosso meio ambiente é dinâmico e sofre mudanças ao longo do tempo. Em alguns períodos observam-se fortes variações na temperatura, como o inverno extremamente rigoroso que assolou os Estados Unidos e o Canadá no final de 2022, as secas severas, as inundações, o aumento do número de terremotos e outros eventos extremos observados em 2023. As ações humanas têm acelerado esse processo e alterado as condições do planeta, sem que haja tempo para a recomposição das condições que sustentam a vida na Terra nas mesmas bases anteriores.

A Declaração da Conferência das Nações Unidas sobre o Ambiente Humano (CNUMAH), realizada em Estocolmo em 1972, já admitia evidências dos danos causados pelos seres humanos em diversas regiões do planeta, em vários aspectos, com graves ameaças ao equilíbrio do ecossistema terrestre. Tais ameaças permanecem. Veículos de comunicação de muitos países têm informado sobre grandes incêndios florestais em diversas partes do globo, com perda de vidas humanas e sérios danos aos ecossistemas; ondas de calor intenso em várias regiões; aquecimento dos oceanos, com graves riscos à vida marinha; diminuição mais rápida de glaciares; redução acelerada da biodiversidade; aumento das temperaturas em regiões mais frias, como o nordeste da Sibéria; inundações em diversas áreas urbanas e rurais em vários países.

Problemas ambientais não são recentes. Em meados de 1986, como um navio fantasma, o Khian Sea percorreu os mares com uma perigosa carga: cerca de 14 mil toneladas de cinzas tóxicas. A história começa com o problema de toda grande cidade: o que fazer com o lixo produzido diariamente? De meados dos anos 1970 até 1988, a cidade da Filadélfia, nos Estados Unidos, incinerou cerca de 40% do seu lixo. As cinzas geradas, cuja toxicidade foi posteriormente atestada pela Agência de Proteção Ambiental dos Estados Unidos (EPA, na sigla em inglês – Environmental Protection Agency), eram dispostas em aterros. A partir de 1985 os aterros da Filadélfia e de cidades do entorno começaram a esgotar sua capacidade de armazenamento e passaram a não receber mais o resíduo.

Por falta de espaço de armazenamento, a cidade decidiu contratar uma empresa gestora de resíduos para resolver o problema do descarte das cinzas tóxicas acumuladas. A empresa contratada, a Joseph Paolino & Sons, decidiu exportar o resíduo para as Bahamas. Contudo, o governo das Bahamas proibiu a descarga do navio, que, então, vagou pelos mares durante 27 meses sem conseguir se desvencilhar de sua incômoda carga.

Ativistas do Greenpeace – organização não governamental fundada em 1971, com sede em Amsterdá – rastrearam a maior parte das manobras do navio e alertaram os governos de diversos países sobre o plano de despejar a carga em seus territórios. Houve tentativas de descartar as cinzas na República Dominicana, Haiti, Honduras, Costa Rica, Guiné Bissau, Chile, Turquia, Indonésia, entre outros. Após várias tentativas malsucedidas de se livrar da carga tóxica, o navio retornou à Baía de Delaware, nos Estados Unidos, vindo a zarpar novamente durante a noite, e sem aviso. Os registros do caso indicam que o navio mudou de nome e descarregou as cinzas em algum ponto do oceano Índico.

O episódio do Khian Sea é um dentre muitos casos relacionados a problemas ambientais. Há registros de danos ao meio ambiente provocados pela ação humana muito tempo antes da Revolução Industrial, embora tais danos fossem localizados em suas consequências e relativamente limitados em seus impactos. Por exemplo, um livro sobre técnicas de mineração publicado em 1556, de autoria de Georg Bauer Agrícola, já alertava para riscos ocupacionais da atividade mineradora, além de danos à natureza.

> **Georg Bauer Agrícola (* Glauchau, Saxônia, 1494; † Chemnitz, 1555)**
> Foi um dos pioneiros da Geologia como ciência, tendo realizado estudos sistemáticos sobre rochas, minerais e fósseis importantes para o desenvolvimento da exploração mineral, dos estudos de mineralogia e paleontologia. Ele também era interessado em estudos das humanidades e pela Medicina. Publicou diversos trabalhos sobre geologia, mineralogia, mineração e metalurgia. Dentre seus livros mais conhecidos está *De re metallica* (Sobre a natureza dos metais), publicado postumamente em 1556.
> Fonte: Elaboração própria com base em: https://www.britannica.com/biography/Georgius-Agricola.

Bem mais recente é o romance de Archibald Joseph Cronin, *A Cidadela*, publicado pela primeira vez em 1937, que relata, pela ótica do personagem Andrew Mason, um jovem médico, as condições de vida e de trabalho dos mineiros das minas de carvão e de moradores de uma aldeia do interior da Inglaterra. Cronin descreve como poucos a realidade do dia a dia dos trabalhadores das minas de carvão e as condições sanitárias às quais estavam submetidos, muitos deles acometidos pela silicose, devido à poluição do ar no interior das minas.

É importante registrar, ainda, o livro *Primavera silenciosa*, de Rachel Carson, publicado em setembro de 1962, que denuncia danos ambientais causados pelo uso de agrotóxicos. Esse livro é considerado um importante marco que influenciou a história de movimentos sociais voltados para a defesa do meio ambiente. A autora alerta o público para os riscos do uso de pesticidas e seus efeitos prejudiciais ao meio ambiente, mostra as diversas interações entre os seres vivos e seu meio biótico e abiótico e como essas interações são fundamentais para a preservação da vida, expressando, em forma de fábula – pela dizimação dos pássaros, o silêncio do seu canto na primavera – a tragicidade da deterioração ambiental.

Problemas ambientais de impacto abrangente começaram a ser notificados com maior frequência a partir da Revolução Industrial. As preocupações com esses problemas também ganharam relevo desde esse período. Sabe-se que as inquietações com o meio ambiente não são recentes, embora seja difícil localizar historicamente seus primeiros registros. Há estudiosos que as identificam desde a antiguidade clássica e traçam a evolução da temática de modo a demonstrar as mudanças que ocorrem na maneira como os seres humanos concebem a natureza e o progresso da humanidade. Esse é um dos componentes da crítica ecológica ao modo de vida contemporâneo.

Outros pesquisadores entendem que a Renascença foi período crucial para o surgimento dessa inquietação, mas há estudiosos que datam a presença das preocupações com o meio ambiente somente a partir do século XIX, principalmente em função do aumento do uso dos recursos naturais e da ausência de medidas que protegessem e evitassem danos provocados por sua exploração cada vez mais intensa. Ainda, há estudiosos que identificam esse início após a Segunda Guerra Mundial, em cujo contexto a ocorrência de alguns desastres deixou mais claro o risco de desarticulação geral do ecossistema terrestre. É também nesse período que a produção científica sobre o meio ambiente cresce, torna-se mais conhecida e mais robusta.

Nos anos 1960, os termos "ecologia" e "meio ambiente" ganharam uso mais frequente. Esse momento coincidiu com maior visibilidade de movimentos sociais ambientalistas. Nesse aspecto, evidencia-se que as Ciências Sociais, mais particularmente a Ciência Política e as RI, começaram a tratar o meio ambiente como tema de pesquisa somente a partir de meados dos anos 1970, embora não se ignorem as contribuições de pesquisadores como, por exemplo, Lynton Keith Caldwell e outros que escreveram livros analisando, dentre outras questões, temáticas discutidas na Conferência de Estocolmo de 1972. Trataremos disso com mais detalhes posteriormente.

Lynton Keith Caldwell

Cientista político estadunidense, nascido em 1913 e morto em 2006. Nos anos 1960, ele foi voz solitária na busca por instituir políticas ambientais nos Estados Unidos. Em 1962, escreveu um artigo inovador – "Environment: A New Focus for Public Policy?" – publicado na *Public Administration Review*. Com isso, Caldwell iniciou um subcampo de estudos de política ambiental. Posteriormente, investiu tempo em discutir políticas de proteção da qualidade do meio ambiente, sendo catalisador da Escola de Assuntos Públicos e Ambientais na Universidade de Indiana.

Lynton K. Caldwell ficou mais conhecido como um dos principais arquitetos do National Environmental Policy Act, de 1969, que pode ser traduzido como a Lei Ambiental dos Estados Unidos, sancionada em 1º de janeiro de 1970. Esse foi o primeiro ato desse tipo em todo o mundo. Caldwell estudou na Universidade de Chicago e trabalhou durante muito tempo na Indiana University Bloomington, onde se aposentou como professor emérito em Ciência Política em 1984. Foi autor e coautor de 15 livros e escreveu mais de 250 artigos acadêmicos, alguns deles traduzidos para 19 idiomas. Caldwell se dedicou a estudar e a compreender as interações entre a ciência, a tecnologia e as políticas públicas no modo como afetam a sociedade. Era particularmente preocupado com o papel que os governos podem desempenhar nas relações entre o ser humano e o meio ambiente.

Fonte: Elaboração própria com base em: https://www.cambridge.org/core/journals/environmental-practice/article/lynton-k-caldwells-legacy-is-nepa-and-moreA52F91B54D265E7A15EBF44F34340588.

Mais ou menos nesse mesmo período, Robert Keohane e Joseph Nye publicaram, em 1977, o livro *Power and Interdependence*, no qual discutem o conceito de interdependência, noção já cara ao pensamento sobre as relações do ser humano com o meio ambiente, ainda que se considerem as diferenças como tal conceito é construído em campos científicos específicos. A partir dessa definição, entende-se que não somente a economia se torna mais interconectada: na medida em que limites quanto à apropriação e ao uso de recursos naturais, além da sua superexploração, se tornam evidentes, há demandas objetivas sobre políticas para o enfrentamento dessas questões. Nesse sentido, percebe-se a gradativa apropriação de temas ambientais pela política internacional e seu entrelaçamento a outros temas mais convencionais do campo.

Do mesmo modo, a degradação ambiental, que se torna cada vez mais transnacional em suas causas e consequências, exige soluções também transnacionais que, em sua maioria, abrangem uma rede de atores estatais e não estatais. Essa teia de atores está envolvida na produção dos problemas, mas também na solução e na sua própria definição, como será discutido posteriormente. Além disso, o aumento e adensamento das estruturas institucionais criadas pelos Estados, bi ou multilateralmente, para lidar com tais problemas expressam a interdependência em geral e, mais especificamente, a interdependência econômica e ecológica.

Durante um longo período, foi bastante comum a ideia de que a natureza teria um propósito e que os recursos naturais teriam sido criados por Deus e postos à disposição dos seres humanos. Essa interpretação fundamentou a ideia de que o ser humano deveria predominar sobre a natureza, pelo fato de considerar a si mesmo o objetivo das obras divinas. A ideia é que as mais diversas criaturas da Terra haviam sido feitas para o ser humano, estariam sujeitas a seu governo e destinadas a seu uso. Embora essa interpretação seja muito antiga, ela não desencadeou, por si só, maiores danos ao meio ambiente, principalmente por razões demográficas e econômicas.

Foi na Era Moderna que se formou a visão da natureza como o grande celeiro da humanidade, uma perspectiva que se configurou principalmente no Ocidente e se consolidou com a ampliação do circuito da produção e reprodução capitalista para praticamente todas as regiões do planeta, formando as bases para o que atualmente se denomina cadeias produtivas globais. Com o impulsionamento e modernização gradativa das tecnologias para geração de energia, o aumento populacional, o desenvolvimento de técnicas produtivas mais eficientes e, pelo menos inicialmente, pouca percepção sobre os efeitos negativos provocados pelo intenso uso dos recursos naturais, as formas predatórias de exploração foram se acentuando. No processo de industrialização, foi se tornando comum admitir como certa a dominação da ordem natural e a transformação radical de recursos naturais em bens de consumo. Do mesmo modo, era entendido como necessária e aceitável a devastação da paisagem em função da produção econômica e que somente os bens produzidos pela indústria e trocados no mercado seriam dotados de valor.

Verifica-se, também, o aparecimento de críticas às formas de apropriação dos recursos da natureza. Inicialmente, os descontentamentos com as formas predatórias se fundamentavam em uma visão romântica, que idealizava a vida simples e rural e não conformava uma crítica às formas de apropriação e uso dos bens e recursos dispostos pela natureza. Na esteira dessa nova visão, também se questionava um sentimento muito difundido sobre a inferioridade de animais e plantas em relação aos seres humanos. Essa mudança se deveu, em grande parte, aos novos conhecimentos científicos sobre a fauna e a flora e a evolução de áreas do conhecimento como a zoologia e a botânica, além do desenvolvimento da crítica ao capitalismo e aos padrões de consumo estabelecidos e estimulados por esse sistema.

Desse modo, a expressão política do problema ambiental foi diretamente influenciada pelas mudanças que ocorreram na percepção dos seres humanos sobre o mundo não humano. O surgimento do termo *ecologia* foi fundamental nesse processo, permitindo ampliar os conhecimentos sobre o meio natural, as relações das espécies entre si e destas com o seu meio, a relação dos seres humanos com as demais espécies e com o meio ambiente. Esse maior conhecimento abriu espaço para que os impactos da ação humana sobre o meio ambiente fossem percebidos e, dependendo de seus efeitos, entendidos como negativos.

É nesse processo que podem ser localizadas algumas ações tendo em vista a proteção da natureza. Em meados do século XIX já se encontram registros de iniciativas de proteção da vida silvestre. Não se pode afirmar que se inspiravam em uma consciência ecológica, embora manifestassem piedade para com certas espécies como, por exemplo, aves e animais cujas plumagens e peles eram utilizadas na fabricação de vestuário de luxo.

Movimentos pela proteção da fauna começaram a surgir já nesse período, embora tivessem pequena repercussão. Mas, em geral, ainda não havia maior sensibilidade para problemas como a poluição ou outras formas de degradação ambiental. Apesar disso, já se identificam críticas à qualidade de vida dos habitantes das cidades e a qualidade de vida dos trabalhadores e das camadas mais pobres da população constituía importante aspecto da crítica ao sistema capitalista. Nessa mesma perspectiva, pode-se listar um conjunto de elementos que apontam para o agravamento dos problemas ambientais desde meados do século XIX e iniciativas para enfrentá-los, que se expressam no estabelecimento de regras para uso, apropriação, conservação e proteção de bens e recursos ambientais, além da preservação de espécies, no âmbito doméstico e internacional.

UMA NOVA ERA GEOLÓGICA?

É inegável que os seres humanos sempre deixaram marcas em sua trajetória histórica pelo planeta, e essa trajetória remonta há milhares de anos, desde que os ancestrais humanos começaram a influenciar o meio no qual viviam a partir de atividades simples, como a coleta de alimentos, a pesca e a caça para fins de sobrevivência. A vida na Terra se dá pelas condições do planeta que permitem, pela fotossíntese, a conversão da energia solar em biomassa. A evolução das sociedades humanas é dependente desses recursos e da capacidade de geração de energia, que é fundamental para a realização das atividades necessárias à sobrevivência.

À medida que a população humana cresce e suas atividades no meio ambiente aumentam – ampliam-se geograficamente e intensificam-se em termos da capacidade de produzir alterações no ambiente natural pelo desenvolvimento tecnológico –, essas marcas se tornam cada vez mais profundas.

Em decorrência dos impactos das atividades humanas sobre o sistema terrestre, cientistas de várias áreas ponderam que elas são uma força capaz de provocar alterações importantes no metabolismo do Sistema Terra. Essa interferência aumentou substantivamente desde o fim da Segunda Guerra Mundial e continua se ampliando. Apesar da resistência de estudiosos em acatar a ideia de que a humanidade estaria vivendo uma nova era geológica, o conceito que define essa nova era, o Antropoceno, tem ganhado relevância e pode ajudar a compreender melhor por que cuidar do meio ambiente é tão fundamental.

Conhecimentos sobre a Terra, desenvolvidos ao longo de várias décadas, dão conta de que o planeta funciona como um sistema, com propriedades e características de um sistema, isto é, possui componentes que interagem entre si de modo articulado e que exercem funções específicas, tendo em vista a manutenção do sistema como tal. Desse modo, o Sistema Terra possui quatro subsistemas: a atmosfera, a biosfera, a hidrosfera e a geosfera. Essa concepção traz consigo pelo menos dois elementos: 1) para manter as condições gerais do Sistema Terra, limites devem ser observados no âmbito dos subsistemas; 2) os seres humanos, ao realizarem suas atividades, interferem e têm a capacidade de provocar alterações importantes nesses subsistemas.

Em razão dessa capacidade, muitos pesquisadores estudam a humanidade tomando-a como uma força significativa no Sistema Terra. Essa força tem se tornado cada vez mais relevante em decorrência do crescimento demográfico, da ampliação das atividades econômicas e de sua modernização, além do incremento do desenvolvimento tecnológico. Alguns fenômenos importantes podem ser ressaltados e são mobilizados para a defesa da hipótese de que, de fato, a humanidade estaria entrando em uma nova era geológica; eles são desenvolvidos a seguir.

Ao se observar a evolução da população humana do ano 10.000 a.C. até 2023 d.C., os registros são de que o crescimento foi muito lento até por volta de 2000 a.C. Tomando como marco zero o início da chamada Era Cristã, há um crescimento gigantesco no tamanho da população: do ano zero até 1800 d.C., ela salta de 190 para 990 milhões de pessoas. Em 1928, já tinha atingido 2 bilhões e teria alcançado cerca de 8 bilhões de pessoas em 2023.

Outro fator importante nesse processo é o aumento da capacidade de geração e consumo de energia, estimulada pelo desenvolvimento do conhecimento científico e sua aplicação em descobertas que tornaram a energia, principalmente a elétrica, mais barata e mais acessível. Essas mudanças são observadas desde a Revolução Industrial, mas sofreram forte aceleração a partir do final da Segunda Guerra Mundial e estão em consolidação atualmente, estimuladas pelos avanços das tecnologias para geração de energias de fontes consideradas limpas, como a eólica e a solar, por exemplo.

O conceito de Antropoceno foi definido pelos cientistas Paul J. Crutzen e Eugene Stoermer em artigo publicado em 2000, intitulado "The Anthropocene", e tem sido aplicado por estudiosos de várias áreas do conhecimento. O período anterior, que corresponde à era pós-glacial, é chamado de Holoceno e se caracteriza pela maior estabilidade no funcionamento dos subsistemas terrestres. Isto é, componentes biogeoquímicos e atmosféricos do Sistema Terra sofriam variações relativamente pequenas, o que permite dizer que houve maior estabilidade ambiental durante os 11 mil anos que correspondem ao período do Holoceno. Alterações nessa estabilidade sinalizam à humanidade novas ameaças, geradas pela pressão antropogênica, com o risco de provocar mudanças abruptas e de grandes proporções no Sistema Terra.

Em decorrência do impacto da atividade humana sobre esse Sistema em escala global, cientistas consideram apropriado enfatizar o papel central da humanidade tanto na geologia quanto na ecologia do planeta. A humanidade tem produzido grandes alterações na atmosfera pela liberação de toneladas de gases – dióxido de enxofre, gás carbônico, gás metano, clorofluorcarbono, dentre outros – que aumentam o grau de sua concentração na atmosfera, provocando alterações climáticas importantes, e que têm caracterizado as mudanças do clima, de alcance global.

Essas atividades são voltadas para o atendimento das necessidades humanas. No período imediatamente anterior à Revolução Industrial, prover energia era um desafio, pois as fontes eram ineficientes para atender ao aumento da demanda. A descoberta e a exploração dos combustíveis fósseis, principalmente o carvão, permitiram grande expansão da oferta de energia, com um aumento do consumo em 4 ou 5 vezes nas sociedades industriais em relação às sociedades agrárias.

Os estudiosos do tema reconhecem as mudanças do clima como um fenômeno crucial e que expressa a gigantesca capacidade humana para modificar as condições de funcionamento da Terra. Descobertas recentes apontam que mudanças ecológicas foram categóricas na moldagem dos humanos e que as origens da nossa espécie coincidem com grandes mudanças climáticas que ocorreram no passado distante. Contudo, a hipótese do Antropoceno sugere que, à medida que foi ampliando sua capacidade de modificar o meio ambiente no qual vive, a espécie humana tem se tornado uma força fundamental. Pesquisadores apontam manifestações dessa força por meio das alterações observadas em processos biogeoquímicos (ciclos de elementos como nitrogênio, fósforo e enxofre); nas modificações no ciclo hidrológico global; na identificação da sexta extinção em massa de espécies. Eles entendem que essas alterações, conjuntamente, são fortes evidências de que a espécie humana se tornou tão numerosa e ativa que adquiriu condições de impulsionar alterações sistêmicas, por isso rivalizando com as forças da natureza.

Antropoceno é um conceito que visa captar as mudanças qualitativas na relação entre os seres humanos e o meio ambiente global, e expressa a concepção de que a Terra está saindo do Holoceno rumo a essa nova era geológica, em que a atividade humana é fortemente responsável por esse processo, sendo uma força geológica global por si mesma. A estabilidade do Holoceno criou as condições para o desenvolvimento da agricultura e de sociedades complexas e estimulou os seres humanos a investirem no seu ambiente natural, em vez de apenas explorá-lo. Esse processo tornou o ser humano dependente desse investimento no seu modo de vida e na maneira como estão organizadas a economia, a própria sociedade e a tecnologia. Por isso, tanto a estabilidade do Holoceno quanto as pequenas variações que ocorreram nessa era geológica são referências para um estado desejável do Sistema Terra. Isto é, há limites para as alterações nesse Sistema, no sentido de se evitar sua disrupção.

Se uma das características do Antropoceno é a perda da estabilidade relativa do Holoceno em decorrência das atividades humanas; se essa mudança gera incertezas e modifica o sentido de segurança sistêmica, que estaria mais voltada para ameaças de disrupção geral do Sistema Terra; se é fundamental observar limites à atividade humana, no sentido de tentar conter a possibilidade dessa disrupção sistêmica; então pode-se considerar que o conceito de limites planetários é complementar ao de Antropoceno. Em tese, a observância desses limites evitaria que a força das atividades humanas modifique o Sistema Terra a ponto de romper suas condições de funcionamento.

O conceito de limites planetários foi desenvolvido por um grupo de cientistas liderados por Johan Rockstrom e do qual faz parte o próprio Paul Crutzen. Os limites são entendidos como transições não lineares no funcionamento de sistemas ambientais e humanos, cujas características intrínsecas são definidas por uma posição em relação a variáveis de controle tais como a temperatura da terra e a cobertura de gelo em partes da superfície do planeta. Os valores dos limites são definidos pelos seres humanos e permitem identificar uma distância considerada segura em relação a níveis de riscos. Esse conceito faz parte dos debates sobre a sustentabilidade e permite abordá-la a partir de uma perspectiva sistêmica.

Os cientistas identificaram nove limites planetários, dos quais os sete primeiros podem ser quantificados: 1) grau de concentração de CO_2 na atmosfera; 2) grau de acidificação dos oceanos; 3) grau de concentração de ozônio na estratosfera; 4) preservação das condições normais do ciclo biogeoquímico do nitrogênio e do fósforo; 5) uso global das águas doces; 6) mudanças no uso da terra; 7) taxa de perda da biodiversidade; 8) poluição química; 9) concentrações de aerossóis na atmosfera.

Assim, os limites estão relacionados aos subsistemas terrestres e cobrem os ciclos biogeoquímicos globais de nitrogênio, fósforo, carbono e água; os principais sistemas de circulação do planeta – clima, estratosfera e sistemas oceânicos; as características biofísicas que participam da constituição de resiliência da capacidade de autorregulação – biodiversidade marinha e terrestre e sistemas da terra; e duas características críticas relacionadas à mudança antropogênica: carga de aerossol e poluição por produtos químicos.

Os cientistas que têm desenvolvido análises acerca dos limites planetários buscam definir parâmetros seguros para a realização das atividades humanas e que poderiam reduzir incertezas e evitar mudanças ambientais intensas e/ou abruptas. Desse modo, essas balizas poderiam reduzir riscos presentes na transição do Holoceno para o Antropoceno. Alerta-se para riscos maiores em três dos componentes anteriormente citados: alterações no clima da Terra, a taxa de perda de biodiversidade e o ciclo do nitrogênio.

Um alerta mais forte se dirige para a MGC, que tem potencial para afetar os demais componentes e provocar mudanças ambientais em dimensões planetárias, com consequências deletérias para a humanidade e para as condições de manutenção da vida na Terra. O propósito é evitar que o planeta saia completamente do estado do Holoceno, o que requer condições para administrar tais fronteiras a partir de estruturas e processos de governança. Esse desafio demanda o desenvolvimento de formas de cooperação internacional que permitam enfrentar o dilema de preparar a humanidade para riscos e ameaças que não são percebidos de maneira imediata, o que pode levar à postergação de medidas para seu enfrentamento. Essas questões conduzem à necessidade de definir o que são problemas ambientais e ao debate sobre como a humanidade poderá enfrentá-los.

Antropoceno ou Capitaloceno?

Antropoceno e Capitaloceno são dois termos diferentes usados para descrever a época geológica atual e o sistema econômico dominante que a moldou. Eles são apresentados, em geral, como conceitos concorrentes para explicar as grandes mudanças identificadas no sistema terrestre, embora alguns sugiram que podem ser conceitos complementares.

Antropoceno é usado para descrever a época geológica atual, na qual as atividades humanas tiveram um impacto significativo e difundido nos ecossistemas e geologia da Terra. Proponentes do conceito argumentam que o Antropoceno teve início com a Revolução Industrial no final do século XVIII, quando os seres humanos começaram a extrair e a usar combustíveis fósseis em larga escala, levando a mudanças significativas na atmosfera, nos oceanos e no uso da Terra.

Por outro lado, Capitaloceno é usado também para descrever a era atual, mas o foco é para o sistema capitalista, associado aos principais fatores de mudança ecológica e ambiental no planeta. O termo Capitaloceno enfatiza o papel do capitalismo na formação da época geológica atual e dos impactos negativos que teve no meio ambiente. Autores que trabalham com esse conceito criticam o conceito de Antropoceno por entenderem que ele reflete uma visão ocidental e eurocêntrica da história, não atento às diversas e complexas relações entre seres humanos e o meio ambiente em diferentes culturas e regiões, além de ignorar as questões relativas ao controle dos recursos materiais por parte da classe dominante.

Embora ambos os conceitos reconheçam o impacto significativo das atividades humanas no meio ambiente, o conceito de Capitaloceno coloca mais ênfase no sistema econômico que impulsionou esse impacto, chamando a atenção para questões relativas, inclusive, à justiça e equidade. Por outro lado, o conceito de Antropoceno se concentra no impacto mais amplo das atividades humanas no planeta. A proposta de considerá-los como conceitos complementares não é descartável.

CONCEITOS

Muitos impactos ambientais causados pelas atividades humanas são locais, mas cada vez mais essas atividades têm repercutido para fora das fronteiras dos Estados. Além disso, muitos danos ambientais são globais por suas características, como a MGC ou a acidificação dos oceanos. Assim, para discutir problemas ambientais é importante observar questões de âmbito local e as de alcance internacional e global. Essa conexão, que envolve interdependência, indica que se deve levar em conta o compartilhamento dos recursos e a mútua dependência das condições ecológicas, observando a preservação dos ecossistemas e limites na exploração dos recursos. Desse modo, busca-se articular a dimensão econômica com a ambiental ou mesmo a ecológica.

Problemas ambientais são construídos socialmente, pressupondo um processo social de reconhecimento do problema, sua priorização e algum grau de aquiescência tanto no que diz respeito ao seu reconhecimento quanto à sua priorização. Essa perspectiva indica que é importante distinguir a dimensão objetiva, ou fatores materiais, dos impactos ambientais provocados pela ação humana na natureza, da dimensão subjetiva e intersubjetiva sobre os problemas ambientais, que envolvem avaliações e percepções que podem ser compartilhadas ou contestadas.

Problemas ambientais são, ao mesmo tempo, fenômenos físicos e construções sociais, conforme discutido por Ronald Mitchell no livro *International Politics and the Environment*, publicado em 2009. Tais problemas podem ser entendidos como os impactos sobre o ambiente natural provocados pelas atividades humanas, incluindo as atividades econômicas, e que são percebidos como negativos por um grupo significativo de pessoas. Essa definição inclui o aspecto ambiental, o fato de ser um 'problema' e sua dimensão internacional.

O componente ambiental da definição envolve questões nas quais: 1) o estado do ambiente natural tem um papel importante, implicando exploração ou destruição de recursos da fauna ou da flora, dos ecossistemas, da biodiversidade, dentre outros; 2) a noção de que o bem-estar ambiental desempenha algum papel, ainda que secundário; 3) o ambiente natural sofre alterações consideradas danosas ou predatórias como resultado da exploração de recursos abióticos.

O componente relativo ao termo "problema" refere-se à percepção de algo como negativo por um conjunto significativo de pessoas. Um problema ambiental é definido como tal pela percepção e avaliação que as pessoas fazem acerca do estado do meio ambiente. O "número significativo de pessoas", apesar de impreciso, é um componente importante e envolve, inclusive, o convencimento da coletividade quanto à existência de um problema. O reconhecimento de um impacto como um problema independe de haver ou não solução para ele, embora problemas, em geral, demandem uma resposta. De fato, esse reconhecimento é condição para a elaboração de soluções e contribui decisivamente para que elas sejam buscadas tanto no desenvolvimento do conhecimento científico quanto na elaboração e institucionalização de políticas.

O terceiro aspecto é a caracterização de um problema ambiental como internacional. Pode-se identificar como internacionais os problemas ambientais decorrentes de atividades que provocam impactos ou geram preocupações, bem como as soluções para eles, que não se limitam às fronteiras de um país. Problemas ambientais internacionais são entendidos como novas fontes de conflito, por um lado, mas, por outro, como oportunidades para a cooperação. Observa-se que alguns problemas ambientais recebem maior atenção internacional do que outros, dado que a concepção acerca da soberania dificulta sua internacionalização. As normas da soberania legitimam direitos dos governos no sentido de realizar seus interesses. Desse modo, o desmatamento e conversão do uso da terra para a produção agrícola, a poluição de rios cujo percurso se circunscreve às fronteiras nacionais são atividades que têm grande impacto no meio ambiente, mas que não necessariamente canalizam a atenção internacional porque tanto os responsáveis pelas ações quanto seus impactos mais imediatos estão, em geral, contidos nas fronteiras do país.

Apesar disso, algumas atividades realizadas dentro das fronteiras de um país, mas que têm efeitos danosos na atmosfera, em rios e lagos fronteiriços ou transfronteiriços ou em zonas oceânicas, têm maior potencial para despertar preocupação de outros países; têm, portanto, potencial para se tornarem problemas ambientais internacionais. Muitas vezes problemas ambientais são relevantes na agenda nacional em resposta a reações internacionais, como é o caso da chuva ácida, da poluição de rios transfronteiriços ou de queimadas na Floresta Amazônica. A globalização, que estabelece novas condições para o entrelaçamento da relação entre os níveis local, regional e global, potencializa a atenção das pessoas para a degradação ambiental nesses níveis, além de outros fatores.

Em geral, costuma-se classificar os problemas ambientais em quatro grupos: 1) aqueles que afetam os bens comuns globais, que são recursos naturais vitais para toda a humanidade, como, por exemplo, a Antártica, o espaço sideral, o sistema climático global, a camada de ozônio, os oceanos; 2) aqueles que afetam os recursos naturais compartilhados, como, por exemplo, os ecossistemas complexos que ultrapassam a jurisdição de um país, como é o caso da Amazônia e de bacias hidrográficas transfronteiriças; 3) aqueles relativos a externalidades transfronteiriças, como a extinção de espécies, o acidente nuclear de Chernobyl, a chuva ácida; 4) aqueles relativos a questões interligadas e que envolvem conexão entre as ações realizadas em uma área que trazem consequências não pretendidas para outra, como, por exemplo, ações para o enfrentamento da MGC que levam a políticas de transição energética e mudanças tecnológicas.

Há vários esforços para se identificarem os problemas ambientais mais importantes e mais urgentes, além de se avançar em alternativas para enfrentá-los. Considerando os temas em foco nos Objetivos do Desenvolvimento Sustentável (ODS), alguns dos problemas ambientais em maior evidência são listados no Quadro 1.

Quadro 1 – Alguns dos problemas ambientais em maior evidência na atualidade

Problema	Principais causas
Mudança global do clima	Problema provocado por causas naturais e pela ação humana, principalmente devido ao aumento das emissões de GEE na atmosfera e que estimula a aceleração da MGC, significando forte ameaça à vida no planeta.
Fenômenos climáticos extremos	A principal causa da intensificação de tais fenômenos e sua manifestação mais severa se deve à MGC. Dentre esses fenômenos podem ser listados desastres ambientais que podem ter causas diversas, dependendo do tipo de desastre e do local onde ocorre.
Desertificação	Caracteriza-se pela degradação das terras de zonas áridas, semiáridas e subúmidas secas. Suas principais causas são: exploração intensiva do solo e manejo inadequado, como o desmatamento, por exemplo; práticas inadequadas de irrigação; causas de ordem natural (clima típico das áreas de ocorrência) e as mudanças climáticas.
Poluição do ar ou atmosférica	Presença de poluentes notadamente oriundos da atividade industrial, sendo os principais o monóxido de carbono, o dióxido de enxofre, o dióxido de azoto e material particulado oriundo, dentre outras fontes, da queima de carvão, chumbo e ozônio.
Poluição da água	Contaminação por elementos físicos, químicos e biológicos prejudiciais aos organismos – plantas, animais e seres humanos. Suas causas são várias, mas as mais importantes são: uso de agrotóxicos na agricultura, óleo oriundo da exploração de petróleo, detergente usado em atividades domésticas, lançamento de esgotos sem tratamento.
Escassez de água	Caracteriza-se pela falta do recurso para atendimento da demanda normal. São suas principais causas: uso não sustentável dos recursos disponíveis; secas; aumento da temperatura; derrubada de matas ciliares; falta de proteção das nascentes. Foi indicado como um dos maiores riscos globais dados seus impactos e potencial para conflitos.
Acidificação e poluição dos oceanos	Aumento da temperatura das águas, acúmulo de material plástico, despejo de poluentes como óleo proveniente da exploração petrolífera.
Danos ao solo	Uso intensivo para produção de alimentos; retirada da cobertura vegetal pelo desmatamento.
Perda da biodiversidade	Destruição do habitat de espécies animais; destruição de espécies da flora; caça ilegal; introdução de espécies invasoras animais ou vegetais; destruição da vida marinha.
Resíduos	Aumento da população humana, hábitos de consumo, formas inadequadas de gestão dos resíduos e rejeitos.

Em geral, as pessoas derivam valor de recursos ambientais a partir de três formas de apropriação: 1) o uso consuntivo, que é a extração de unidades do ambiente e o proveito dessas unidades de forma a impedir tanto o uso por outros quanto a devolução do recurso ao ambiente na forma como foi extraído (a pesca é um exemplo); 2) o uso não consuntivo, que não impede que outros também usem o recurso, mas reduz sua quantidade ou compromete sua qualidade (a poluição hídrica e atmosférica são exemplos); 3) efeitos ambientais indesejados, ou danos acidentais como, por exemplo, desastres com reatores nucleares ou vazamento de óleo no oceano e que atraem a atenção internacional quando provocam danos para além das fronteiras do Estado.

Os usos consuntivo e não consuntivo podem gerar problemas ambientais porque impactos acontecem sempre que o uso exceder a capacidade do próprio meio de restaurar suas condições. Desse modo, se um impacto ambiental se torna tão grande a ponto de um grupo significativo de pessoas percebê-lo como negativo, ele pode gerar dois tipos de problema: ou o excesso de uso pela superapropriação do recurso, no caso do uso consuntivo (a captura excessiva de peixes de um cardume que reduz o estoque dificulta a procriação e pode colocar a espécie em risco de extinção; captura excessiva de água de um manancial); ou a degradação ambiental, no caso do uso não consuntivo (uso de rios e lagos como repositório de rejeitos da indústria ou de esgoto doméstico sem tratamento). A apropriação excessiva de recursos tem maior potencial para provocar conflitos porque envolve a competição pelo acesso e, por isso, requer regras que governem as formas de apropriação. Já o uso não consuntivo também pode gerar conflitos, mas a degradação pode ser entendida como um subproduto, uma vez que seu impacto pode ser entendido como não intencional.

Pode-se ainda considerar a classificação dos problemas ambientais como sendo do tipo tragédia dos comuns, problemas relativos à localização *upstream/downstream* (em português: à montante/à jusante; isto é, posição de um determinado local ou país em relação à nascente e/ou à foz de um rio) e ainda a questões de incapacidade. A tragédia dos comuns expressa um dilema que envolve conflito entre os interesses dos indivíduos e os da coletividade. Na ausência de regulação, os indivíduos buscariam aumentar sua apropriação ou ampliar o uso do recurso a seu favor, o que comprometeria a quantidade e a qualidade do recurso em questão, podendo, inclusive, determinar sua extinção.

> **Tragedy of the commons**
>
> Em 1968, o cientista Garrett Hardin publicou um artigo intitulado "The tragedy of the commons", um ensaio provocativo que sugeria um modelo de comportamento humano baseado no interesse próprio. Tragédia dos bens comuns é um conceito da Economia e das Ciências Sociais que descreve uma situação na qual os indivíduos, agindo em seu próprio interesse, usam recursos compartilhados de uma maneira que leva ao seu esgotamento ou degradação.
>
> O conceito pode ser aplicado a diversas situações como, por exemplo, o congestionamento do tráfego, banheiros públicos sujos ou extinção de espécies. Em todos esses exemplos, além dos danos causados a outros pela ação individual e que provoca problemas para a sociedade, está o entendimento de que as pessoas não pensam nos efeitos a longo prazo de suas ações ao tomarem decisões de curto prazo. O conceito tem sido amplamente aplicado para discussões sobre os problemas ambientais e soluções para eles.
>
> O termo "*commons*" refere-se a um recurso disponível para todos, como um pasto ou uma área de pesca. Quando vários indivíduos usam um recurso comum, cada pessoa tem um incentivo para explorar o recurso ao máximo possível, pois recebe todos os benefícios de seu uso, mas apenas suportam uma fração dos custos. Isso pode levar a uma situação em que o recurso é usado em excesso e, eventualmente, esgotado ou danificado, em detrimento de todos os usuários, destacando a tensão entre o interesse individual e o bem comum. Ele é frequentemente citado como um exemplo de falha de mercado.

Os problemas do tipo tragédia dos comuns diferem dos problemas *upstream/downstream* quanto aos incentivos que levam aos danos: no primeiro caso, vítimas e perpetradores coincidem e os agentes preferem usufruir do bem e não contribuir para a solução do problema de superexploração; no segundo caso, as vítimas não são causadoras do problema e os perpetradores não consideram que seus interesses estejam prejudicados e, por isso, são indiferentes quanto à solução ou não do problema ambiental. Desse modo, no primeiro caso há mais motivos para a solução do problema porque todos são beneficiados, o que caracteriza uma situação simétrica entre os agentes envolvidos. No segundo caso, os perpetradores recebem todos os benefícios e as vítimas arcam com todos os custos. Essas situações são assimétricas: aqueles que estão preocupados com os problemas ambientais não são os mesmos que os causam. Nos dois casos, o problema ambiental acontece porque os responsáveis por ele não têm incentivos suficientes para solucioná-lo. No terceiro caso, os danos são provocados por incapacidades e não estão necessariamente relacionados a incentivos, mas, na maioria das vezes, a limitações financeiras, administrativas ou tecnológicas.

Lidar com problemas ambientais requer recursos financeiros e conhecimento, além da vontade política para fazê-lo. Assim, há o entendimento, relacionado à concepção de justiça ambiental, de que os Estados com maiores recursos deveriam contribuir mais para a solução desses problemas. Contudo, nem sempre eles têm incentivos para agir. Problemas ambientais que impõem custos muito altos, caso persistam, podem ser resolvidos mais rapidamente do que outros com menores custos. Problemas que afetam mais os países desenvolvidos provavelmente serão tratados primeiro e isso pode valer também para problemas que afetam grandes corporações ou comunidades mais ricas. A discussão da distribuição dos custos e a ordem de prioridade para o atendimento dos problemas ambientais é uma questão relativa tanto aos dilemas de cooperação, envolvendo aspectos de poder, principalmente econômico, quanto à justiça ambiental.

O papel da comunidade científica é muito relevante no desenvolvimento do conhecimento sobre os problemas ambientais e sua difusão. Além disso, é fundamental monitorar o comportamento de agentes que provocam impactos ambientais, envidar esforços para identificá-los e responsabilizá-los. Provocar condições para alterar o cálculo entre o custo da preservação e os benefícios que ela pode trazer não é fácil, principalmente diante de situações em que o ganho imediato é o principal objetivo. Por isso, dependendo da perspectiva do ator, o dano é compensador em função do ganho previsto ou da legitimidade da ação realizada.

INTERDEPENDÊNCIA

A definição do conceito de problema ambiental internacional contém um aspecto relativo à interdependência, envolvendo diversos atores e ações inter-relacionadas, questões de natureza política, econômica e ambiental, em função do entendimento acerca do funcionamento dos ecossistemas e as alternativas para corrigir e/ou evitar danos ao meio ambiente. Os Estados têm buscado estabelecer formas de cooperação para lidar com os problemas ambientais, apesar dos conflitos que se verificam em torno dessa temática. Ainda assim, pode-se considerar que a natureza tem sido percebida como fonte de poder do Estado, seja por sua condição geoestratégica ou pela disponibilidade maior ou menor de recursos naturais. Porém, desde o início da década de 1970 observa-se a proliferação de tratados ambientais sobre uma grande variedade de temas, indicando tendência maior à cooperação, que tem sido fortemente alimentada sobretudo por atores não estatais. Esse tópico será aprofundado posteriormente.

O conceito de interdependência expressa como diferentes atores em diferentes sociedades usam diferentes instituições para perseguir seus interesses e objetivos mútuos. Ele não se limita à política internacional, podendo ser aplicado a outros campos, como economia, geopolítica e políticas públicas. A ideia de interdependência está presente na própria concepção da Ecologia como ciência e no conceito de ecossistema, embora envolvendo distintos elementos. Compreender a interdependência nesse campo é importante para o entendimento da sucessão na vida biológica, das relações simbióticas e da conservação da vida selvagem. Mas é também fundamental para a compreensão dos desafios políticos colocados para os Estados, tendo em vista a constituição de princípios, normas e regras para lidar com problemas ambientais internacionais. Nesse sentido, é importante o estudo da interdependência que envolve a observação do comportamento das criaturas vivas e do ambiente natural, além da busca por maior compreensão da relação entre os seres humanos e as formas não humanas de vida, relevante para, por exemplo, definir estratégias de preservação de espécies ameaçadas de extinção.

A concepção de segurança ambiental é construída como elemento importante, derivada da ideia de segurança humana e a ela relacionada. Ela indica um entendimento cada vez maior acerca da essencialidade de fatores ecológicos para a ordem mundial e abre portas para a conjunção entre desenvolvimento e sustentabilidade. A partir dessa perspectiva, as lentes ecológicas permitem perceber o declínio da utilidade da força, até porque ameaças militares, equilíbrio de poder e outros termos relativos a essa temática parecem estranhos à solução de problemas ambientais internacionais. Diplomacia e cooperação têm sido os modos dominantes na solução desses problemas. Assim, o conceito de interdependência é útil, embora envolva a necessidade de agir sobre as causas da insegurança ambiental.

A interdependência entre a dimensão ambiental e a social é parte integrante da compreensão da sucessão da vida biológica. Ao aprender mais sobre as relações entre as espécies, é possível proteger melhor os ecossistemas e contribuir para preservar as condições da vida no planeta. Essa dimensão da interdependência não foi sempre estudada, uma vez que, no campo das ciências sociais, o foco da discussão se voltou mais especificamente para as relações econômicas, sem uma conexão mais direta com o meio ambiente. Contudo, a MC, a degradação do solo, o desmatamento e a perda de espécies são evidências importantes de que a relação entre economia e meio ambiente é cada vez mais ecológica. Nesse sentido, pensar a interdependência econômica e política implica considerar a interdependência ambiental. E isso é especialmente importante quando se trata do meio ambiente global, cuja deterioração das condições ecológicas afeta diretamente a economia e o meio ambiente. Enfim, a discussão da Política Ambiental Internacional deve incorporar o conceito de interdependência.

No campo das RI, a ideia de dependência antecede a de interdependência. Dependência expressa a condição de um Estado ser significativamente afetado por forças externas. Interdependência é um conceito que remete a situações nas quais há efeitos recíprocos entre os atores e/ou as condições que interagem em distintas partes de um sistema, o que pode envolver efeitos recíprocos entre países ou entre atores em diferentes países. O conceito de problemas ambientais internacionais, conforme já visto, remete a essa relação. Nas condições de interdependência complexa, conforme entendida por Robert Keohane e Joseph Nye, em seu livro *Power and Interdependence*, edição de 2012, outros atores que não os Estados podem ter espaço de participação, não há hierarquia entre as temáticas e o uso da força não é necessariamente efetivo e pode ser ineficaz para resolver vários problemas das relações entre os Estados, dentre eles, os problemas ambientais.

O conceito de interdependência contém duas dimensões: sensibilidade e vulnerabilidade. A sensibilidade diz respeito ao grau em que os Estados são sensíveis a mudanças que ocorrem em outros Estados. A vulnerabilidade se refere à distribuição de custos que advêm da reação dos Estados a tais mudanças. Em razão dessas noções teóricas, a distinção entre questões domésticas e internacionais torna-se menos clara.

As preocupações com as questões ambientais na política mundial, considerando que a degradação foi se tornando cada vez mais transnacional em suas causas, consequências e soluções, envolve uma complexa rede de atores estatais e não estatais. Essa rede se envolve tanto na construção dos problemas ambientais como na busca de solução para eles. Nesse sentido, a interdependência implica também considerar as conexões local/global.

A ausência de autoridade centralizada na arena internacional significa que os Estados precisam encontrar modos de cooperar uns com os outros em torno de acordos que possam ser mantidos por meio da reciprocidade. De modo similar, para pequenos grupos que compartilham recursos comuns, os governos nacionais estão muito distantes ou são incapazes de contribuir para encorajar a cooperação. Atores envolvidos em situações do tipo tragédia dos comuns ou situações do tipo *upstream/downstream* demandam estruturas institucionais, como os regimes internacionais ou acordos locais de compartilhamento de recursos comuns. Esses atores podem fazer e, de fato, fazem acordos de compromisso que alteram as estruturas básicas de incentivos à cooperação.

Desse modo, há uma complexa relação entre interdependência ecológica e econômica. Elas envolvem interconexões e vulnerabilidades mútuas, implicando necessidade de conectar as políticas em ambas as dimensões, o que tem sido buscado a partir do conceito de DS. Assim como a segurança ambiental, a interdependência também contém um aspecto intersubjetivo. Por isso, um aumento generalizado da percepção da interdependência pode ter consequências importantes na elaboração das políticas e isso pode gerar maior disposição à cooperação e um senso de responsabilidade, nem sempre observados nas negociações em torno de temáticas cruciais, como, por exemplo, as políticas para o enfrentamento da MGC. A expectativa é que DS seja uma resposta a esses desafios.

DESENVOLVIMENTO SUSTENTÁVEL

É provável que o termo *desenvolvimento sustentável* tenha sido sugerido por Barbara Ward nos anos 1970, em decorrência de sua percepção sobre uma estreita relação entre distribuição de riqueza e conservação de recursos planetários, concepção que aparece nos livros *Spaceship Earth*, publicado em 1966, e *Only One Earth*, escrito em parceria com René Dubos e publicado em 1972, já na esteira da Conferência de Estocolmo. Desenvolvimento sustentável é um conceito bastante popularizado. Sua definição mais conhecida vem do Relatório Nosso Futuro Comum, que é também muito divulgada e, em geral, aceita.

Entende-se por DS um tipo de desenvolvimento voltado para o atendimento das necessidades atuais, mas que não comprometam o atendimento das necessidades futuras, incluindo as necessidades das futuras gerações. Esse conceito se firmou em um ambiente político marcado pela expectativa de uma iminente crise ecológica, embora seu sentido seja bem anterior.

Desde a Antiguidade clássica que se identifica preocupação com a durabilidade dos recursos, e no século XVIII já se recomendavam práticas que hoje seriam chamadas de sustentáveis, dirigidas à preservação de florestas e, posteriormente, a recursos muito demandados, como carvão e petróleo, por exemplo. Considerados uma necessidade, os resultados do progresso a partir da Revolução Industrial fluíram principalmente para os países industrializados, aumentando a distância entre países ricos e pobres. A desigual distribuição da riqueza se tornaria um elemento importante na discussão sobre desenvolvimento e sustentabilidade.

Na definição desse conceito, duas ideias sobressaem: as necessidades de parcelas da população mundial que não têm acesso aos recursos básicos à sua sobrevivência; limitações que os recursos disponíveis, as tecnologias e a organização social colocam ao meio ambiente, tendo em vista preservar as condições de sobrevivência para as gerações futuras. No primeiro caso, questionamentos profundos da ideia de progresso, críticas à exploração colonial e às desigualdades entre países desenvolvidos e países pobres formam parte dos elementos que influenciam a construção do conceito. E, no segundo caso, esses elementos são, principalmente, as consequências do adensamento da exploração dos recursos, a expansão do modo de produção capitalista e os danos ambientais provocados pelas formas predatórias do uso e exploração dos recursos naturais.

O conceito de desenvolvimento sustentável expressa um compromisso entre essas noções, relativamente ao desenvolvimento e à conservação, entendidos como interdependentes. A ideia de sustentabilidade, que a completa, tem sido utilizada no campo da Ecologia para expressar uma condição ou estado que pode permanecer por um tempo indefinido. Desse modo, dentre as críticas dirigidas ao conceito está a ideia de que ele abrigaria uma contradição interna, dado que desenvolvimento implica dinamismo, movimento, e sustentabilidade tem um sentido mais voltado à continuidade e ao equilíbrio. Esse dualismo já está inscrito no próprio conceito e é reconhecido pelos seus formuladores. Desse modo, entende-se que tal dualismo expressa duas faces de um mesmo processo, o que não invalida ou inviabiliza a busca por recursos teóricos e mecanismos metodológicos adequados para a mobilização e aplicação do conceito.

Embora a elaboração mais formalizada do conceito tenha sido publicada em 1987, durante a CNUMAH, em 1972, vários dos princípios então adotados contemplavam aspectos relativos à sustentabilidade, e muitos estudiosos discutiram a ideia e buscaram formular uma síntese que a definisse. Dentre seus aspectos mais relevantes, a discussão inclui o entendimento de que o crescimento deveria ser direcionado às necessidades das pessoas e às do meio ambiente. A Comissão Bruntdland, formalmente denominada World Commission on Environment and Development, instituída pela ONU, avançou no entendimento de que seria possível observar simultaneamente a igualdade social, o crescimento econômico e a preservação do meio ambiente, reconhecendo as tensões entre crescimento econômico e proteção ambiental. Esses elementos formam os três pilares do DS: o meio ambiente, a economia e a sociedade.

Considerando esses três pilares, a Declaração do Milênio das Nações Unidas, publicada em 2000, enseja que a globalização se torne uma força positiva para todos os povos e, dentre outros propósitos, declara, no item 5, o compromisso com a proteção do meio ambiente comum, reafirmando o apoio aos princípios do DS, além do compromisso com a realização de esforços em questões ambientais cruciais como a MGC e a proteção da biodiversidade. Essa Declaração decorre dos compromissos em torno dos oito Objetivos do Desenvolvimento do Milênio (ODM), que, em geral, expressam os três pilares do conceito de DS. O objetivo sete volta-se mais diretamente para o DS, embora os demais contemplem aspectos importantes desses três pilares. Os ODM orientaram ações e mobilizações globais de 2000 a 2015, e seu alcance e sucesso têm gerado discussões e controvérsias, embora se considere que houve avanços em alguns dos objetivos propostos.

Após o período de vigência dos ODM, sob os auspícios da ONU, os países estruturaram a Agenda 2030 para o Desenvolvimento Sustentável, e estabeleceram 17 objetivos e 169 metas – os Objetivos do Desenvolvimento Sustentável (ODS). Eles foram recebidos pela Assembleia Geral da ONU em 2015, como resultado da United Nations Conference on Sustainable

Development, a Rio+20. Os ODS têm se tornado uma prioridade global, são amplos, inter-relacionados e interdependentes. Eles foram projetados para garantir ampla participação no esforço global para combater a pobreza, alcançar a paz e proteger o meio ambiente, além de outros aspectos como questões relativas a gênero e raça.

Os conceitos e elementos discutidos neste capítulo são fundamentais para a compreensão da dinâmica da Política Ambiental Internacional. No próximo capítulo será apresentado um panorama geral dessa política a partir de um histórico do campo, elaborado, principalmente, com base nas grandes conferências ambientais internacionais, realizadas sob os auspícios da ONU.

Política ambiental internacional

O objetivo deste capítulo é apresentar alguns conceitos fundamentais para a compreensão da Política Ambiental Internacional, situar o leitor nas principais questões tratadas por ela através de uma viagem no tempo, visitando alguns momentos importantes na trajetória dos debates do tema meio ambiente na agenda da Política Internacional. Para isso, o capítulo está organizado em três seções: esta primeira introduz a sua temática geral, a segunda apresenta os conceitos de Política Ambiental Internacional e Regimes Internacionais. Finalmente, a terceira seção percorre as quatro grandes conferências ambientais realizadas em 1972, 1992, 2002 e 2012.

Problemas ambientais não respeitam fronteiras nacionais e essa condição está colocada para a grande maioria deles. Muito embora existam grandes diferenças de pensamento entre os cientistas das mais diversas áreas quanto a abordagens, visões de mundo e metodologias para o estudo das questões ambientais e os problemas a elas relacionados, há convergência quanto ao entendimento de que a Terra se encontra no limiar de uma mudança de estado e que a MGC é o seu evento mais revelador. Esse momento e esse entendimento, compartilhados por parcelas cada vez maiores de pessoas, trazem consigo um sentido de urgência.

Classificada como caos por António Guterres no discurso de encerramento da COP 27, realizada em 2022 em Sharm El-Sheik, Egito, a crise climática teria proporções bíblicas, segundo suas palavras, e cujos sinais estariam por toda a parte. De acordo com o próprio secretário-geral da ONU, essa Conferência foi alentada por dois temas fundamentais: justiça e ambição. Justiça para os mais atingidos e que, em geral, quase nada fizeram para provocar tal crise; e a ambição de limitar o aquecimento global em 1,5ºC e, com isso, evitar um cenário mais grave.

Durante a referida COP 27, promessas feitas anteriormente foram reafirmadas, a exemplo do aporte de 100 bilhões de dólares anuais para os países em desenvolvimento enfrentarem os desafios da MGC. Outros compromissos foram estabelecidos. Mas o planeta continua em grave situação e a superação dessa condição demanda muitos esforços, como investimentos em energias renováveis e ações voltadas para uma transição energética mais efetiva, principalmente nos países emergentes.

Embora questão urgente e central, a MGC não resume todos os problemas ambientais a serem enfrentados. O Programa das Nações Unidas para o Meio Ambiente (PNUMA – ou UNEP na sigla em inglês) indica áreas de preocupação ambiental, como o aumento da poluição sonora nas grandes cidades, dos incêndios florestais em diversas regiões do globo, além de mudanças em eventos sazonais, como floração, migração de espécies e hibernação, que formam uma área de estudos conhecida como Fenologia. Esses dois últimos fenômenos – incêndios florestais e mudanças em eventos sazonais – estão intimamente ligados à MGC e, no caso das alterações nos ciclos naturais de flora e fauna, essa mudança acelera os processos naturais e altera o funcionamento dos ecossistemas, provocando impactos no habitat e nas formas de vida de diversas espécies e também na biodiversidade.

Uma das mais importantes e pioneiras iniciativas para inserir os problemas ambientais como tema da agenda da política internacional foi a recomendação à Assembleia Geral da ONU (AGONU), feita em julho de 1968 pelo seu Conselho Econômico e Social (ECOSOC, da sigla em inglês), para a realização de uma conferência sobre os problemas do meio ambiente humano. Tal solicitação tem origem em uma proposta do governo da Suécia, formalizada junto ao ECOSOC em carta de 20 de maio de 1968. No mesmo ano, a AGONU aprovou a realização da conferência, inaugurando oficialmente o processo de construção da Política Ambiental Internacional.

Na Resolução 2398, emitida em 3 de dezembro de 1968, a AGONU incorporou o entendimento do ECOSOC acerca dos problemas ambientais: o reconhecimento dos problemas ambientais percebidos à época – principalmente poluição do ar e da água, deterioração do solo, lixo, barulho e efeitos secundários dos biocidas –, sua gravidade e seus impactos para os seres humanos na saúde, no desenvolvimento e na observância dos direitos humanos; o reconhecimento de que o desenvolvimento científico e tecnológico estaria provocando profundas modificações nas relações dos seres humanos com o meio ambiente e que, apesar de seus aspectos positivos, esse desenvolvimento poderia envolver graves riscos; o entendimento de que maior atenção ao meio ambiente traria benefícios para o desenvolvimento econômico e social e a esperança de que a cooperação internacional poderia ser um caminho para ampliar o acesso dos países em desenvolvimento ao conhecimento sobre o meio ambiente, contribuindo para sua melhoria nos respectivos territórios.

A AGONU concordou com o entendimento do ECOSOC sobre a necessidade de intensificar ações nos níveis local, regional e internacional para eliminar danos e melhorar a qualidade ambiental, mas, principalmente, expressou a intenção de incentivar mais ações e elaborar uma perspectiva e direção comuns para elas. Desse modo, a proposta do ECOSOC, aceita pela AGONU, deu o primeiro passo para a construção da abordagem política dos problemas ambientais no âmbito da sociedade internacional e criou as bases para a construção de estruturas formais voltadas para a governança desses problemas. Essas estruturas permitiriam à ONU formar uma visão abrangente dos problemas, concentrar a atenção de governos e opinião pública sobre a importância e urgência da questão ambiental e identificar os temas que só poderiam ser resolvidos por meio da cooperação e de acordos internacionais.

Desse modo, em Estocolmo, Suécia, de 5 a 16 de julho de 1972, aconteceu a primeira grande conferência internacional sobre o meio ambiente – oficialmente, Conferência das Nações Unidas sobre o Ambiente Humano (CNUMAH). A Declaração assinada pelos Estados participantes colocou as questões ambientais dentre as mais importantes preocupações internacionais e deu origem ao PNUMA, passo marcante para a consolidação do tema na agenda da Política Internacional.

Olhando em retrospecto, o mundo passou por várias mudanças, a vida cotidiana sofreu muitas e profundas modificações, dentre elas: nossos hábitos e rotinas foram fortemente alterados; as distâncias parecem ter sido encurtadas; as comunicações se avolumaram; regimes políticos emergiram, outros desapareceram; colônias se tornaram independentes, dando vida a novos Estados; novos atores surgiram, tomaram espaço e ganharam visibilidade e relevância política; países em desenvolvimento se tornaram potências emergentes; questões de gênero, etnia, raça, minorias foram ocupando lugar na agenda política, provocando mudanças importantes na dinâmica da própria política nos seus diversos níveis; o Sistema Internacional se tornou mais interdependente e a globalização fez-se mais visível, tomando lugar à mesa, em conversas corriqueiras. Todos esses elementos influenciam as percepções sobre a realidade da vida social, reverberam nas agendas e nos programas de pesquisa e desembocam na dinâmica da elaboração teórica, com importantes repercussões e impactos nos paradigmas que informam a chamada ciência normal. A temática ambiental tem importante papel nesse processo.

Ao ganhar relevância, essa temática aparece associada a outras também fundamentais: o sistema internacional de recursos produtivos, as relações Norte/Sul, conflitos políticos e desafios à estabilidade, a busca por mais cooperação internacional. Este capítulo trata dessa temática. Inicialmente, destaca-se a discussão sobre a definição de Política Ambiental Internacional e, posteriormente, foca a construção dessa política ao longo do tempo, tomando como base mais geral as quatro conferências ambientais realizadas no âmbito da ONU: 1972 – Conferência das Nações Unidas sobre o Ambiente Humano (CNUMAH / *United Nations Conference on the Human Environment*); 1992 – Conferência das Nações Unidas sobre Ambiente e Desenvolvimento (CNUMAD), ou Cúpula da Terra e também Rio 92 (*United Nations Conference on Environment and Development*); 2002 – Cúpula Mundial sobre o DS (CMDS) ou Joanesburgo 2002 e ainda Rio+10 (*World Summit on Sustainable Development*); 2012 – Conferência das Nações Unidas sobre Desenvolvimento Sustentável, CNUDS, ou Rio+20 (*United Nations Conference on Sustainable Development*).

CONCEITOS

Ainda que se considere que os atores, as fontes e as consequências envolvidos nas questões ambientais possam ter suas origens no nível local, nacional, regional ou global, admite-se que o meio ambiente global é interconectado. Considerando-se o planeta, pode-se afirmar que as interações entre os seres vivos e o meio biótico e abiótico são de interdependência. Tal entendimento, já expresso nas justificativas que ampararam a realização da CNUMAH, em 1972, leva à busca por políticas ambientais que sejam aplicáveis em todas as regiões do planeta, que ultrapassem as fronteiras dos Estados e que se realizem efetivamente nos diversos níveis. Quando se pensa em política ambiental, alude-se ao interesse dos seres humanos em se organizarem para se relacionar com o seu meio.

Ainda que as ações danosas ao meio ambiente aconteçam no território, delimitado pela divisão político-administrativa e governado por autoridades soberanas, tais danos podem gerar efeitos em escala regional e/ou global. São um tipo de externalidade negativa, a partir de um ponto de vista econômico, e também podem ser entendidos como similares à tragédia dos comuns.

> **Externalidades negativas**
>
> São um conceito oriundo da Economia e se refere aos custos ou danos sofridos por terceiros, não diretamente envolvidos em uma transação econômica específica. Esses custos não são incorporados nos preços pagos pelos compradores e vendedores no mercado. Um exemplo é a poluição gerada por uma fábrica. Ao despejar resíduos tóxicos no meio ambiente, uma empresa gera uma externalidade negativa, porque impõe custos às comunidades vizinhas, que não são pagos pela empresa. Isto é, a poluição pode prejudicar o meio ambiente e a saúde das pessoas que residem próximas à empresa. Os custos dessa poluição, o aumento das despesas com saúde, a redução dos valores das propriedades em áreas próximas e a piora da qualidade de vida são problemas enfrentados por esses moradores, mas não são considerados no preço dos bens produzidos pela fábrica.
>
> As externalidades negativas podem levar à falha de mercado, uma vez que o mercado não reflete adequadamente os custos de produção e consumo. Os formuladores de políticas podem usar impostos, regulamentos ou outras medidas para internalizar esses custos e garantir que sejam suportados pelas partes responsáveis por eles. Esses tipos de externalidades têm um grande impacto na economia e podem afetar a maneira como o governo aloca recursos. Por exemplo, se um grande derramamento de petróleo danificar o ambiente e provocar perdas econômicas, os fundos podem ser desviados para corrigir a externalidade negativa, em vez de apoiar inovação ou outros programas públicos que beneficiem a sociedade.

No primeiro capítulo foram discutidos, dentre outros elementos, o conceito de problema ambiental e sua projeção para o nível internacional. É importante aqui tratar sobre o entendimento que se tem acerca da *Política Ambiental Internacional*.

Política é um conceito de difícil definição por ter vários sentidos e aplicações, ora mais amplos, ora mais específicos. De toda maneira, e apesar dos diferentes entendimentos, em geral os estudiosos concordam que *política* é um termo utilizado para caracterizar a atividade humana que envolve e se refere às coisas da pólis. Essa concepção inclui o Estado como sujeito que realiza ações de ordenamento ou proibição, cujos efeitos são vinculantes para todos os membros de uma comunidade, como, por exemplo, o ato de elaborar leis e de fazê-las cumprir. Há também bastante concordância quanto à aplicação do termo *política* às ações voltadas ao Estado como objeto, quando tais ações envolvem conquista, manutenção, ampliação, derrubada ou destruição do poder do Estado. Em ambas as possibilidades, entende-se que a ação política é voltada para a estruturação das relações de poder, o que envolve negociações para a obtenção de algum grau de consenso no âmbito da coletividade quanto aos interesses e/ou valores que devem prevalecer, em detrimento de outros, em determinadas circunstâncias, e considerando-se a correlação de forças entre os grupos organizados em torno de tais interesses e/ou valores. Certamente, ambos os entendimentos incluem as noções de soberania, dominação e obediência, encapsuladas pelo ordenamento que, ao mesmo tempo, constitui e confere legitimidade à estrutura do sistema.

Considerando a Política Internacional, podemos caracterizá-la como um campo de estudos fundamentado em teorias políticas e sociais, e que discute as questões relativas ao poder entre os Estados, tendo em vista compreender como os Estados interagem na tentativa de realizar seus interesses, e as implicações políticas, econômicas, diplomáticas, sociais, culturais dessas interações. Nesse sentido, os agentes da Política Internacional mobilizam várias estratégias e recursos nas ações que empreendem, incluindo tanto o uso da força como negociações e cooperação. As interações entre os agentes da Política Internacional têm se ampliado face à globalização, aos processos de integração regional, ao enfrentamento de problemas comuns como os ambientais, as crises humanitárias, dentre outros. Da mesma forma, e em decorrência desses processos, os agentes que performam nas cenas da Política Ambiental Internacional atualmente incluem, além dos Estados, organizações internacionais governamentais (OIG), organizações internacionais (OIs), organizações ambientalistas formadas no âmbito da sociedade civil, movimentos sociais ambientalistas, organizações empresariais, comunidades epistêmicas específicas do campo, dentre outros.

Assim, pode-se considerar que a política é resultado de um equilíbrio sensível entre diversas visões de mundo, valores e interesses, o que em geral envolve luta pela primazia de uma determinada percepção ou proposta sobre como as coisas devem ser e o que se deve fazer para que as coisas sejam como devem ser, de acordo com a visão de mundo vitoriosa nesse processo, que é dinâmico e no qual vitoriosos hoje podem ser perdedores amanhã.

O tema aqui tratado é o meio ambiente e as políticas que devem ser implantadas para lidar com ele e solucionar os problemas ambientais, conforme definição apresentada no primeiro capítulo. Mas, quando se adiciona o termo Internacional – *Política Ambiental Internacional* –, o foco é para questões e problemas ambientais cujas causas ou consequências ultrapassam as fronteiras nacionais, também conforme já discutido.

Levando-se em conta essas questões, é importante salientar que há diferentes combinações entre forças econômicas e políticas domésticas que influenciam a maneira como cada Estado direciona suas políticas sobre as questões ambientais. Como custos e riscos dos problemas ambientais são desigualmente distribuídos entre os Estados, a disposição e a motivação para participar de esforços internacionais para redução de ameaças ambientais não são as mesmas entre todos eles, além de uma diferenciada percepção sobre soluções para tais problemas. Essa dinâmica é potencialmente conflitiva porque envolve vários e diferentes interesses e valores, diversas propostas de soluções para os problemas e para a alocação de recursos, variada interpretação sobre a atribuição de responsabilidades. Tal dinâmica é produto das estruturas que organizam e regem a política mundial, conforme já explicitadas.

Desse modo, pensar a Política Ambiental Internacional é pressupor o entendimento e a identificação de problemas ambientais; buscar compreender como interesses e valores relativos ao meio ambiente são formados e apreender os conflitos quanto a interesses e/ou valores que gravitam em torno das questões ambientais. Esse esforço contempla, ainda, o entendimento dos processos envolvidos na busca e produção de soluções para os problemas ambientais, e em quais condições a cooperação para sua superação ocorre. Assim, há um razoável consenso de que a cooperação é fundamental para o enfrentamento de problemas ambientais globais, embora a definição do conteúdo e do alcance dessa cooperação seja amplamente controversa.

O objeto da Política Ambiental Internacional é a construção de diretrizes para o enfrentamento dos fatores que impulsionam impactos ao meio ambiente. Assim, ela deve ser entendida no contexto das mudanças provocadas no ambiente natural e no ambiente construído, produzidas pela grande ampliação das atividades humanas, sobretudo a atividade econômica, e da potencial disposição à cooperação por parte dos Estados e de outros agentes. O entendimento de que problemas ambientais têm altos custos humanos e socioeconômicos e que ações unilaterais não são suficientes para resolvê-los está na base das iniciativas que estimularam o desenvolvimento da Política Ambiental Internacional.

No que tange à cooperação internacional, apesar do entendimento quanto à sua imprescindibilidade, ela é uma estratégia da ação política dos Estados. Por isso, poderá ser adotada ou não, a depender dos valores envolvidos e dos custos e benefícios das decisões a serem tomadas e das ações a serem implementadas. Desse modo, a Política Ambiental Internacional possui algumas características que lhes são próprias.

Quadro 2 – Características centrais da Política Ambiental Internacional

Poder de veto	Para cada uma das questões ambientais globais relevantes pode-se identificar um ou mais Estados cuja cooperação é fundamental para a constituição de entendimentos e acordos para enfrentá-la. Caso esses Estados ou grupo de Estados ajam no sentido de dificultar ou impedir a tomada de decisão nessas situações, pode-se dizer que há uma coalizão de veto. A condição para exercer esse poder não está exclusivamente relacionada a capacidades materiais dos Estados envolvidos, mas também a outros aspectos, como o patrimônio natural e a capacidade de liderança. Estudar essa característica implica observar caso a caso.
Reflexo do papel dos Estados na produção, uso ou comércio internacional de um produto particular	O comércio internacional de resíduos perigosos é um exemplo – veja o caso do navio Khian Sea –, condicionado pelas relações entre países industrializados como exportadores e países em desenvolvimento como importadores.
Relevância do poder econômico e do poder militar	O poder econômico pode afetar a posição do Estado ou mesmo o resultado da negociação internacional quanto a acordos; mas o poder militar não é particularmente útil para influenciar resultados nessa área temática.

Tendência à cooperação	Em grande parte dos casos, as negociações multilaterais resultam em cooperação para restringir ou mitigar ameaças ambientais, embora os Estados sejam soberanos e livres para agir em função dos interesses nacionais.
Escopo e natureza dos Acordos	Na Política Ambiental Global, os acordos são multilaterais e buscam reduzir ameaças ambientais.
Importância da opinião pública	Os problemas ambientais têm mobilizado o interesse político de cidadãos em diversos países. Organizados em movimentos ou em ONGs, esses cidadãos contribuem para impulsionar as negociações em fóruns internacionais e influenciam a formulação de políticas ambientais, local e regionalmente. Essas organizações ainda participam da implementação de políticas ambientais nos diversos níveis.

Outro conceito fundamental para o entendimento da Política Ambiental Internacional é o de *regime*. Também nesse caso, há definições alternativas sobre o que são os regimes. Neste livro, o conceito adotado se baseia na formulação de Stephen Krasner, a partir do texto "Structural Causes and Regime Consequences: Regimes as Intervening Variables", publicado em 1982 pela revista *International Organizations*. Entende-se que regimes são um sistema que articula princípios, normas, regras, procedimentos operativos e instituições que os atores criam, tendo em vista regular e coordenar suas ações em uma área temática específica.

Quadro 3 – Definições das variáveis que compõem o conceito de regime

Princípios	Crenças quanto a fatos, causas e integridade (retidão ou questões morais).
Normas	Padrões comportamentais.
Regras	Indicativos para a ação – prescrição do agir ou sua reprovação.
Procedimentos operativos	Práticas que favorecem o funcionamento do regime; inclui métodos para a escolha coletiva e mecanismos para a implementação das decisões tomadas.
Instituições	Mecanismos e organizações criados para a implementação das regras do regime, para operar o próprio regime, avaliá-lo e expandi-lo.

Fonte: Elaboração própria, com base no texto de S. Krasner, 1983.

Sendo os Estados os atores mais relevantes da Política Internacional, eles são os principais construtores dos regimes, embora não sejam os únicos envolvidos nesse processo. Em geral, um Regime se estrutura em torno de pelo menos um acordo formal, mas pode envolver acordos sobre temas correlatos e as organizações envolvidas com eles, formando complexos de regimes. Estes podem ser identificados em áreas das Relações Internacionais como comércio, segurança, comunicação e meio ambiente.

A importância dos regimes se deve ao entendimento de que eles facilitam a construção de mecanismos de governança global nas condições anárquicas do Sistema Internacional. Eles são um importante objeto de discussão no campo da cooperação internacional, e os estudiosos dos regimes pesquisam, principalmente, sobre como, por quê e sob quais circunstâncias os Estados cooperam entre si e criam instituições, e sobre quais fatores podem explicar o sucesso dessas estruturas.

Em geral, os princípios, as normas e as regras de um regime são baseados nos interesses mútuos dos seus constituintes, o que os tornariam mais dispostos à cooperação, tendo em vista a realização desses interesses. Por essa razão, entende-se que os regimes têm um papel relevante na redução dos níveis de conflitos entre os Estados e podem facilitar a cooperação entre eles. Apesar desse entendimento, os regimes não são uma garantia *a priori* para a cooperação, embora forneçam padrões de conduta aceitáveis e possam gerar condições para que os agentes escolham a cooperação como estratégia de sua ação política.

A noção de convergência de interesses é crucial para a compreensão da função dos regimes. Pressupõe-se que os Estados possuem interesses similares relativamente a determinadas questões e a comunalidade de tais interesses pode ser útil à coordenação das suas ações. Significa dizer que os regimes fornecem um quadro de referência para a ação dos Estados, provendo maior estabilidade e maior confiança entre os agentes.

Quadro 4 – Síntese de alguns elementos teóricos importantes no estudo dos regimes internacionais

Preocupação quanto ao impacto e mitigação da anarquia estrutural	Os regimes contribuem para o estabelecimento de padrões comportamentais, o que poderia ter efeitos positivos na geração de diretrizes comuns para a ação e, com isso, para a superação da ausência de governo ou de outra estrutura formal que organize e padronize as relações entre os agentes na política internacional.
Discussão sobre como práticas, processos e métodos influenciam resultados	Como tratados e estruturas formais das OIs e a construção de instituições, como os regimes, podem afetar as interações e orientar as escolhas dos atores.
Entendimento quanto à relevância da cooperação	A discussão sobre a cooperação deve se ampliar para além das relações interestatais e abranger outros atores como organizações especializadas e comunidades epistêmicas, por exemplo. Esse tipo de cooperação aumenta a interdependência e pode se expandir para outras áreas, ampliando as condições para a criação de instituições globais.
Efeitos da interdependência	Altos graus de complexidade e interdependência podem existir em determinados contextos. Nesses casos, conhecimento, aprendizado e política são relevantes para a sua compreensão e para o gerenciamento de áreas de maior turbulência, além da ação de OIs voltadas para tais questões. A partir do entendimento de que a interdependência pode fragmentar a política internacional em questões distintas e que os Estados não são nem os únicos atores nem atores totalmente coerentes, o conceito de interdependência complexa ganha relevância nesse contexto.

Fonte: Elaboração própria a partir do texto de S. Krasner, 1983.

Pode-se concluir que a política tem papel fundamental no enfrentamento dos desafios postos pelos problemas ambientais. O declínio das condições ambientais globais pode ser também compreendido a partir de decisões que os Estados, empresas e outros atores têm tomado em relação a uso, apropriação, conservação e preservação dos recursos ambientais, além dos valores estabelecidos nas sociedades, que orientam modos e hábitos de consumo, e a maneira como os seres humanos lidam com a natureza.

Enfrentar as consequências do declínio das condições ambientais envolve novas decisões relacionadas às questões elencadas, processos que podem desembocar na criação de um regime internacional, provendo melhores condições para a governança política da temática específica. Esses processos dependem de demanda por estruturas de governança, que estabeleçam condições para o atendimento de expectativas mútuas e estáveis quanto ao padrão de comportamento dos atores, que estimulem o desenvolvimento de relações funcionais e que permitam adaptação das práticas a novas situações políticas.

De fato, todos somos afetados, positiva ou negativamente, por decisões políticas tomadas no âmbito local, regional e/ou internacional. Desse modo, a Política Ambiental Internacional interessa a todos e diz respeito a como governos e outros diversos atores influenciam o meio ambiente global, o que inclui os níveis local e regional. As conferências globais sobre meio ambiente fornecem referências muito úteis para se compreender a evolução dessa política.

UMA PERSPECTIVA A PARTIR DAS GRANDES CONFERÊNCIAS AMBIENTAIS

A partir da Resolução 2398, emitida em 3 de dezembro de 1968 pela AGONU, um conjunto de medidas foi tomado no âmbito da ONU e do ECOSOC, voltadas às providências práticas e políticas necessárias à realização da CNUMAH. Antes da realização da CNUMAH, vários acordos internacionais importantes já haviam sido negociados: o Tratado da Antártica, 1963; o Tratado de Proibição Parcial de Testes Nucleares, 1963; o Tratado sobre Princípios Reguladores das Atividades dos Estados na Exploração e Uso do Espaço Cósmico, 1967; acordos multilaterais relacionados aos oceanos e relativos à exploração e ao uso de recursos e poluição marinha. Todos eles compõem o conjunto de políticas específicas que formam a Política Ambiental Internacional e são importantes para o processo de sua construção.

A CNUMAH inaugurou um lugar de destaque para as questões ambientais no campo das relações internacionais e da tradição diplomática. Ela produziu um primeiro levantamento do impacto humano sobre o meio ambiente global, uma das razões de as metas e os objetivos políticos adotados terem sido mais amplos. A conjuntura política da época se caracterizava, em seus aspectos mais relevantes e gerais, pelo questionamento dos modelos de desenvolvimento adotados então – tanto o capitalista quanto o modelo socialista; pela Guerra Fria e conflitos armados importantes, como a Guerra do Vietnã; pela existência de regimes autoritários em diversos países, inclusive no Brasil; e pelo impacto da descolonização na Ásia e na África.

Nessa conjuntura, havia pouco espaço para preocupações com os problemas ambientais. Mas essa disposição foi alterada principalmente a partir de movimentos de contestação política observados em países desenvolvidos. Como um novo personagem, movimentos ambientalistas se articularam motivados por desastres ecológicos, alguns de grandes proporções, mas, principalmente, pelos evidentes efeitos negativos ao meio ambiente da urbanização acelerada e da industrialização. Não é possível desconsiderar a influência da publicação do documento *The Limits to Growth* (Os limites do crescimento), assinado pelo Clube de Roma, e que, baseado em uma perspectiva analítica formulada a partir de abordagens de Thomas Malthus, projetava um futuro sombrio em razão do crescimento demográfico e do entendimento de que os recursos naturais do planeta são escassos e finitos.

Limites do crescimento

O relatório "Os limites do crescimento", encomendado pelo Clube de Roma e publicado em 1972, divulga resultados de um estudo sobre as condições do desenvolvimento econômico e populacional, considerado exponencial, face à oferta finita de recursos naturais. Para desenvolver o estudo foi utilizado um modelo computacional que simulou as consequências das interações entre os recursos disponíveis no Planeta com a crescente demanda de uma crescente população humana.

Em geral, os estudos chegaram a três conclusões: projetava-se o limite para o crescimento econômico em um período de 100 anos, caso continuassem inalteradas as tendências de crescimento da população mundial, da industrialização, da poluição, da produção de alimentos e do esgotamento de recursos, com um possível declínio da população e da capacidade industrial;

> seria possível mudar essa tendência e alcançar estabilidade ecológica e econômica para um futuro sustentável a partir da projeção de um estado de equilíbrio global no qual as necessidades materiais básicas das pessoas seriam satisfeitas e cada indivíduo teria oportunidade igual para realizar seu próprio potencial; se as pessoas optassem por essa segunda condição e não pela primeira, quanto antes começassem a agir nesse sentido, maiores seriam as chances de sucesso.
>
> O relatório provocou um sem-número de debates, críticas e oposições. Contudo, foi um importante pivô das discussões no âmbito da CNUMAH, contrapondo países desenvolvidos e países em desenvolvimento em torno da questão do desenvolvimento dos países do então chamado terceiro mundo. Para mais informações, acesse o relatório em https://www.clubofrome.org/publication/the-limits-to-growth/.

Fonte: Elaboração própria com base no relatório *The Limits of Growth*.

Considerado o contexto, o tema do desenvolvimento estimulou o que talvez tenha sido o debate mais importante da Conferência, porque explicitava divergências fundamentais entre os países desenvolvidos e os em desenvolvimento, que colocaram a discussão sobre o direito ao desenvolvimento e projetaram a busca por nexos mais claros entre a preservação da natureza e dos recursos naturais e o desenvolvimento econômico, tendo em vista satisfazer as necessidades humanas, reduzindo/superando as desigualdades. Nesse contexto, foram lançadas as bases da Política Ambiental Internacional, em cujo nascimento já se expressavam, por meio de um diálogo multinível, tensões entre o Norte e o Sul globais e a grande variedade de atores e interesses que se articulavam em seu âmbito. A CNUMAH aprovou uma Declaração com 26 princípios e um plano de ação contendo um quadro de referência para a ação ambiental e várias recomendações para a ação no nível internacional.

Quadro 5 – Síntese da Declaração da Conferência de Estocolmo – 1972

Considerando a necessidade de uma perspectiva comum para inspirar e orientar os povos a CNUMAH faz as seguintes proclamações introdutórias:	1- Os seres humanos são criaturas e criadores do seu meio ambiente (MA); o desenvolvimento e a evolução dos seres humanos deram-nos o poder de transformar o MA em escala sem precedentes; o ambiente natural e o criado são fundamentais para o bem-estar humano;
	2- A proteção e melhoria do MA afeta o bem-estar e o desenvolvimento econômico; sua preservação é desejo urgente dos povos e dos governos;
	3- O ser humano tem avançado na sua capacidade inventiva e criadora; sua capacidade de transformar o meio, se usada com sabedoria, pode trazer benefícios a todos os povos. Mas, se usado incorretamente, esse poder pode causar muitos e incalculáveis danos aos seres humanos e ao MA.
	4- Muitos dos problemas ambientais dos países em desenvolvimento são causados por essa condição; reconhece-se que o subdesenvolvimento é uma das causas de problemas ambientais e que os países menos desenvolvidos devem realizar esforços para o seu desenvolvimento, observando a proteção ambiental; os países industrializados devem contribuir para a redução da desigualdade entre si e entre os países em desenvolvimento; nos países industrializados, os problemas ambientais estão relacionados à industrialização e ao desenvolvimento tecnológico.
	5- Entende-se a necessidade de observar a questão do aumento populacional, reconhecendo a importância do ser humano e sua capacidade de melhorar o MA, porém políticas adequadas e medidas devem ser adotadas para enfrentar a questão populacional; reconhece a singularidade do ser humano e os benefícios do desenvolvimento do conhecimento em geral e da ciência de tecnologia.
	6- Deve-se tomar maior atenção aos problemas ambientais e suas consequências; contribuir com o conhecimento para a melhoria do MA e melhorá-lo para as gerações presentes e futuras; o conhecimento humano deve ser colocado a serviço da proteção da vida humana e do MA.
	7- Esses propósitos serão alcançados com a contribuição e responsabilidade de todos os cidadãos, comunidades, empresas e instituições em todos os níveis em um esforço comum; a cooperação internacional é fundamental para aumentar os recursos para apoiar os países em desenvolvimento na realização de suas responsabilidades em seus territórios. *"Uma classe crescente de problemas ambientais, por serem regionais ou globais em extensão ou por afetarem o âmbito internacional comum, exigirá ampla cooperação entre as nações e ação de organizações internacionais no interesse comum. A Conferência apela aos governos e aos povos para que exerçam esforços comuns para a preservação e melhoria do ambiente humano, para o benefício de todas as pessoas e para sua posteridade."*

Política ambiental internacional

Princípios – convicções comuns entre os Estados acerca das seguintes cláusulas:	**Sobre o direito a um meio ambiente de qualidade:** *"Os seres humanos têm o direito fundamental à liberdade, igualdade e condições adequadas de vida, em um ambiente de qualidade que permita uma vida de dignidade e bem-estar, e tem a solene responsabilidade de proteger e melhorar o meio ambiente para as gerações presentes e futuras. Nesse sentido, as políticas que promovem ou perpetuam o apartheid, a segregação racial, a discriminação, as formas coloniais e outras de opressão e dominação estrangeira são condenadas e devem ser eliminadas."*
	Sobre a necessidade de preservação dos recursos naturais: • Os recursos naturais do Planeta devem ser preservados para o benefício das gerações presentes e futuras, por meio de planejamento ou gestão cuidadosa. • Deve-se preservar, restaurar ou melhorar a capacidade da Terra para produzir recursos vitais renováveis. • É responsabilidade do ser humano preservar e sabiamente gerenciar o patrimônio da vida selvagem e seu habitat. Essa preocupação deve estar incluída no planejamento do desenvolvimento econômico. • Os recursos não renováveis devem ser usados de forma a se proteger contra o perigo de seu futuro esgotamento e seus benefícios compartilhados por toda a humanidade. • Ações para evitar a poluição do ar e dos mares devem ser realizadas.
	Sobre o meio ambiente e o desenvolvimento: • O desenvolvimento é essencial para criar um ambiente de vida e trabalho favorável para o ser humano e para criar condições necessárias à melhoria da qualidade de vida; • Degradação ambiental gerada pelas condições do subdesenvolvimento e desastres naturais são graves problemas e devem ser remediados pela aceleração do desenvolvimento e transferência de recursos financeiros e assistência tecnológica, suplementando esforços domésticos dos países em desenvolvimento.
	Sobre o papel dos Estados e a soberania sobre os recursos do meio ambiente em sua jurisdição • As políticas ambientais de todos os Estados devem melhorar e não afetar negativamente, no presente ou no futuro, o potencial de desenvolvimento dos países não desenvolvidos, nem dificultar melhores condições de vida para todos; medidas apropriadas devem ser tomadas por Estados e OIs para realizar acordos relativos ao cumprimento de possíveis consequências econômicas, no nível nacional ou internacional, que resultarem de aplicação de medidas ambientais. • Os Estados têm o direito soberano de explorar seus recursos de acordo com as suas próprias políticas ambientais, bem como a responsabilidade de garantir a não causação de danos ao meio ambiente dentro de sua jurisdição, ao ambiente de outros Estados ou para além de sua jurisdição.

Sobre a cooperação internacional para a preservação do meio ambiente
- Recursos devem ser disponibilizados para os países em desenvolvimento preservarem e melhorarem o meio ambiente, de acordo com requisitos desses próprios países, além de assistência técnica e financeira internacional adicional, mediante solicitação.
- Recomenda-se a aplicação de conhecimentos científicos e de tecnologias aplicadas ao gerenciamento ambiental, além da educação ambiental para jovens e adultos. Deve haver livre fluxo de informações científicas e estímulos à transferência de experiência, além do apoio à disponibilização de tecnologias para os países em desenvolvimento.
- A proteção e melhoria do MA deve ser cooperativa, multi ou bilateralmente, e em pé de igualdade entre todos os países.

Sobre o planejamento e o gerenciamento ambiental
- O planejamento do desenvolvimento deve adotar abordagem integrada e coordenada tendo em vista um gerenciamento racional dos recursos, garantido sintonia entre desenvolvimento e preservação ambiental. Ainda, o planejamento racional é uma ferramenta importante para a reconciliação de conflitos entre necessidade de desenvolvimento e necessidade de proteção ambiental e deve ser aplicado a assentamentos humanos e urbanização. Devem ser abandonados projetos visando à dominação colonialista e racista. Às instituições nacionais apropriadas devem ser confiadas a tarefa de gerenciar os recursos ambientais dos países.
- Os Estados devem garantir que as OIs atuem de forma coordenada, eficiente e dinâmica para a proteção e melhoria do MA.

Sobre o meio ambiente e a segurança
- Os seres humanos e o meio ambiente devem ser poupados dos efeitos das armas nucleares e de outros meios de destruição em massa. Compete aos Estados esforços, nos fóruns internacionais competentes, para um acordo imediato sobre a eliminação e a destruição completa de tais armas.

Fonte: Elaboração própria com base na "Declaração da Conferência das Nações Unidas sobre o Meio Ambiente Humano".

A Declaração de Estocolmo evidencia uma abordagem centrada no ser humano: o primeiro princípio coloca os seres humanos no centro das preocupações com o desenvolvimento, cujas formulações já apontavam para a ideia de sustentabilidade. Essa tendência será gradativamente superada em declarações de conferências posteriores e no texto de algumas convenções, como a Convenção sobre a Diversidade Biológica. A Declaração colocou as questões ambientais à frente das preocupações internacionais e pode ser considerada um marco histórico do início de um diálogo, muitas vezes tenso, entre países desenvolvidos e países em desenvolvimento pautando a relação entre crescimento econômico e problemas ambientais diversos gerados por ele.

A CNUMAH, ou Rio-92, impulsionou uma consciência global sobre as questões ambientais, que ganharam grande visibilidade nos vinte anos transcorridos entre a Conferência de Estocolmo e a do Rio de Janeiro: registra-se o aumento de organizações nacionais voltadas para a defesa do meio ambiente, que se expandiram e abrangeram temáticas ambientais transfronteiriças e globais; o desenvolvimento de leis e estruturas organizativas internacionais, bem como a criação de legislações ambientais nacionais em vários países. Nesse sentido, projetavam-se ações voltadas para a sistematização de regulações ambientais já existentes, a criação de normas para temáticas ainda não contempladas e a adoção de fundamentos políticos e legais que permitissem estabelecer e implementar objetivos e metas para o desenvolvimento sustentável.

Considerando-se as mudanças conjunturais entre ambas as conferências, no contexto político de 1992 havia um clima de maior otimismo trazido pelo fim da Guerra Fria e um aumento efetivo das oportunidades para a cooperação internacional, além do otimismo no campo da economia. Esses processos apontavam para a progressiva adoção de estratégias multilaterais na política internacional.

A CNUMAD reuniu delegações de 172 países, com a presença de 108 chefes de Estado ou de governo, além de um grande número de ONGs. Ao mesmo tempo, foi realizado um Fórum Global que reuniu cerca de 7 mil representantes dessas organizações. Seus objetivos podem ser assim resumidos: 1) produzir uma agenda ampla e um novo plano de ação internacional para as questões e problemas ambientais e de desenvolvimento; 2) discutir medidas para impedir e superar efeitos da degradação ambiental e promover o DS; 3) promover a cooperação internacional e a política de desenvolvimento para o século XXI.

Durante a CNUMAD, os esforços foram direcionados para a discussão dos impactos das atividades socioeconômicas no meio ambiente, avançaram no entendimento da interdependência entre os fatores sociais, econômicos e ambientais e produziu uma ampla agenda – a Agenda 21 – e um plano de ação internacional para lidar com os problemas ambientais interligados aos desafios do desenvolvimento. Essa Agenda deveria orientar as ações e a cooperação internacional direcionadas para o século XXI.

Além desses documentos, a CNUMAD também aprovou a Declaração do Rio, a Convenção sobre a Diversidade Biológica e a Convenção-Quadro das Nações Unidas sobre as Mudanças Climáticas, a UNFCCC. A discussão no âmbito da CNUMAD se beneficiou fortemente do entendimento sobre os três pilares do desenvolvimento sustentável. Porém, a produção de consensos sobre os quais se assentam os documentos citados demandou muitos esforços, principalmente em razão de divergências sobre pontos importantes entre os países desenvolvidos e os em desenvolvimento, destacando-se:

1. Mudança do clima: a questão da MGC foi um ponto importante de desacordo. Alguns países argumentaram que tais mudanças constituíam séria ameaça, exigindo ação urgente, enquanto outros acreditavam que a questão não era premente e que o foco deveria estar no desenvolvimento econômico. Além disso, o debate sobre as responsabilidades comuns, mas diferenciadas, no que diz respeito à MGC também foi objeto de divergências entre países desenvolvidos e em desenvolvimento.
2. Transferência de tecnologia e assistência financeira: países em desenvolvimento demandavam dos países desenvolvidos o fornecimento de ajuda financeira e tecnológica que lhes permitisse adotar práticas de DS. De sua parte, os países desenvolvidos relutavam em se comprometer com metas e prazos específicos para atender a essas demandas.
3. Florestas: houve desacordos sobre a questão da conservação e manejo florestal. Alguns países argumentaram que as florestas deveriam ser conservadas para seus benefícios ambientais, enquanto outros entendiam que as florestas deveriam ser usadas para fins de desenvolvimento econômico.

4. Acesso a recursos genéticos: houve discordâncias sobre a questão do acesso a recursos genéticos. Os países em desenvolvimento argumentaram que deveriam ter controle sobre seus recursos genéticos e que deveriam ser compensados por seu uso pelos países desenvolvidos.
5. Comércio: questão também controversa, com países em desenvolvimento argumentando que as políticas comerciais dos países desenvolvidos criavam barreiras ao seu desenvolvimento econômico. Os países desenvolvidos não estavam dispostos a fazer concessões significativas sobre a política comercial.

Apesar desses pontos, os resultados da Conferência foram considerados um grande sucesso. A Declaração sobre Meio Ambiente e Desenvolvimento, resultante da Conferência, é um documento fundamental para o desenho da Política Ambiental Internacional desde então. Ela contém 27 princípios para o desenvolvimento sustentável. A Declaração do Rio reafirmou a Declaração da CNUMAH, buscando estabelecer parcerias novas e equitativas com a criação de níveis de cooperação entre os Estados, setores-chave da sociedade e povos; por meio de acordos internacionais, comprometeu-se a respeitar os interesses de todos e a proteger a integridade do meio ambiente global e do sistema de desenvolvimento; reconheceu a completa e integral interdependência da natureza do planeta Terra.

Quadro 6 – Síntese da Declaração do Rio, 1992

1	Os seres humanos estão no centro das preocupações com o desenvolvimento sustentável, e têm direito a uma vida saudável e produtiva, em harmonia com a natureza.
2	Os Estados têm o direito soberano de explorar seus próprios recursos e a responsabilidade de garantir que suas atividades em seu território não causem danos ao MA de outros Estados ou de áreas além dos limites de sua jurisdição.
3	Observância do direito ao desenvolvimento para o atendimento equitativo das necessidades das atuais e futuras gerações.
4	A proteção ambiental é indissociável do desenvolvimento sustentável e este será obtido integradamente àquela.

5	A cooperação de todos, Estados e indivíduos, é fundamental para o desenvolvimento sustentável, tendo em vista erradicar a pobreza e reduzir as desigualdades.
6	Atenção prioritária será dada aos países em desenvolvimento, principalmente aos menos desenvolvidos e mais vulneráveis. Ações voltadas ao meio ambiente e ao desenvolvimento devem atender aos interesses e necessidades de todos os países.
7	Os Estados deverão cooperar globalmente para conservar, proteger e restaurar a saúde e a integridade do ecossistema da Terra. Considerando as diferentes contribuições para a degradação do MA global, os Estados têm responsabilidades comuns, mas diferenciadas. Os países desenvolvidos reconhecem sua responsabilidade na busca pelo desenvolvimento sustentável.
8	Os Estados deverão reduzir e eliminar padrões insustentáveis de produção e de consumo e criar políticas demográficas para alcançar o desenvolvimento sustentável para todos.
9	Os Estados deverão cooperar para reforçar suas próprias capacidades para o desenvolvimento sustentável, melhorando conhecimentos científicos por meio de intercâmbio científico e técnico, e do aumento do desenvolvimento, adaptação, difusão e transferência de tecnologias, incluindo tecnologias novas e inovadoras.
10	Assegurar a participação de todos para tratar das questões ambientais, para o que deverá ser garantido acesso à informação sobre o MA, inclusive sobre atividades perigosas, e participar de processos e decisão.
11	Os Estados deverão promulgar uma legislação ambiental eficaz, que reflita o contexto ambiental e de desenvolvimento observando custos econômicos e sociais.
12	Os Estados deverão cooperar para promover um sistema internacional aberto e voltado ao crescimento econômico e ao desenvolvimento sustentável em todos os países. Medidas de política comercial motivadas por razões ambientais não devem ser instrumento de discriminação ou de restrição ao comércio internacional. Medidas para lidar com problemas ambientais transfronteiriços ou globais devem ser baseadas preferencialmente em consenso internacional.
13	Os Estados deverão criar leis ambientais nacionais relativas à responsabilidade civil e à compensação de vítimas da poluição e outros prejuízos ambientais. Deverão também cooperar na elaboração de legislação internacional sobre as mesmas questões.
14	Os Estados deverão cooperar para desencorajar ou prevenir deslocamento ou transferência para outros Estados de atividades ou substâncias causadoras de danos ambientais graves ou que sejam nocivas à saúde humana.
15	Os Estados deverão aplicar medidas preventivas para proteger o MA. A falta de certeza científica não deve ser razão para adiar medidas eficazes para evitar a degradação ambiental.
16	As autoridades nacionais deverão se esforçar para internalizar custos ambientais e utilização de instrumentos econômicos. O princípio poluidor-pagador deverá suportar o custo da poluição.
17	A avaliação de impacto ambiental deverá ser realizada em situações de impacto significativo adverso ao MA.

18	Os Estados deverão notificar aos demais acerca de desastres naturais ou emergências que possam gerar efeitos súbitos nocivos ao seu MA. A comunidade internacional deverá ajudar os Estados afetados por tais efeitos.
19	Os Estados deverão notificar aos demais potencialmente afetados e fornecer informações pertinentes sobre atividades que possam ter efeito transfronteiriço adverso sobre o MA.
20	As mulheres têm papel vital na gestão e no desenvolvimento ambiental e sua participação plena é essencial para o alcance do desenvolvimento sustentável.
21	Criatividade, ideais e coragem da juventude do mundo todo devem ser mobilizados para criar uma parceria global tendo em vista o DS e a garantia de um futuro melhor para todos.
22	Populações indígenas e comunidades locais são vitais para a gestão e o desenvolvimento ambiental. Os Estados deverão reconhecer e apoiar sua identidade, cultura e interesses e possibilitar sua participação em ações de DS.
23	Devem ser protegidos o ambiente e os recursos naturais de povos oprimidos, dominados e sujeitos a ocupação.
24	Os Estados deverão respeitar a legislação internacional de proteção ao MA em tempos de conflito armado.
25	A paz, o desenvolvimento e a proteção ambiental são interdependentes e indivisíveis.
26	Os Estados deverão resolver pacificamente suas disputas ambientais.
27	Os Estados e os povos deverão cooperar para o cumprimento dos princípios consagrados nesta Declaração.

Fonte: Declaração do Rio, 1992.

Além da Declaração do Rio, outro produto da CNUMAD é a Agenda 21, considerada instrumento importante da governança ambiental global e parte de um projeto mais abrangente, voltado para o DS. Essa Agenda contém um plano de ação não vinculativo, com 40 capítulos organizados em três seções: a seção I, que trata das dimensões sociais e econômicas; a seção II, que direciona ações de conservação e gestão dos recursos para o desenvolvimento, e a seção III, que projeta ações para o fortalecimento do papel dos grupos principais.

As áreas de programas da Agenda 21 são descritas em termos de bases para a ação, objetivos, atividades e meios de implementação. Alguns dos princípios mais relevantes da Agenda 21 incluem: o *princípio da precaução*, que afirma que, diante da incerteza, é necessário tomar medidas para evitar danos ao meio ambiente e à saúde humana; o *princípio do poluidor pagador*, que sustenta que aqueles que geram poluição devem ser responsáveis por seus custos; o *princípio das responsabilidades comuns, mas diferenciadas*, que reconhece que os países desenvolvidos têm maior responsabilidade por abordar problemas ambientais globais do que os países em desenvolvimento. Após a CNUMAD, pode-se verificar um importante avanço nas políticas ambientais tanto no nível doméstico quanto internacional. Tratados e acordos internacionais foram celebrados para lidar com uma multiplicidade de temas ambientais. É nesse período que o problema da MGC ganha maior visibilidade, principalmente estimulada pela discussão do Protocolo de Kyoto durante a reunião da COP 3, em 1997.

O Protocolo de Kyoto

Trata-se de um acordo internacional assinado em 1997 em Kyoto, Japão, sob a UNFCCC, durante a realização da Conferência das Partes 3, ou COP 3. Seu objetivo é a redução das emissões de GEE, que contribuem para o aquecimento global e as mudanças climáticas. O Protocolo incluiu seis gases de efeito estufa: dióxido de carbono (CO_2), metano (CH_4), óxido nitroso (N_2O), hidrofluorcarbonetos (HFCs), perfluorocarbonetos (PFCs) e hexafluoreto de enxofre (SF_6).

Sob o Protocolo de Kyoto, os países desenvolvidos concordaram em reduzir suas emissões de GEE em uma média de 5,2% abaixo dos níveis de 1990 até o ano de 2012. Para ajudar os países a alcançar essas reduções, o protocolo estabeleceu três mecanismos: o comércio de emissões, o mecanismo de desenvolvimento limpo (MDL) e a implementação conjunta (IC). O comércio de emissões permitiu que os países comprassem e vendessem créditos de emissões para cumprir suas metas. O MDL permitiu que os países desenvolvidos investissem em projetos de desenvolvimento limpo nos países em desenvolvimento para obter créditos de emissão. A IC permitiu que os países desenvolvidos trabalhassem juntos para reduzir as emissões, que gerariam créditos.

O Protocolo foi considerado um passo significativo para abordar as mudanças climáticas em nível internacional. Embora bastante aceito, ele não foi ratificado por importantes emissores de GEE, como os Estados Unidos. Apesar das limitações e das críticas, o Protocolo lançou as bases para futuros acordos climáticos.

Fonte: Elaboração própria com base no "Kyoto Protocol to the United Nations Framework Convention on Climate Change".

Nesse processo, é importante registrar a realização da Cúpula do Milênio, onde foi apresentada uma estratégia de desenvolvimento fundamentada na concepção de DS. Essa Cúpula, realizada de 6 a 8 de setembro de 2000 na sede das Nações Unidas em Nova York, reuniu um grande número de chefes de Estado e foi concluída com a adoção, pelos 189 Estados-membros, da Declaração do Milênio, a qual estabeleceu os ODM.

Quadro 7 – Objetivos de Desenvolvimento do Milênio

ODM 1	Erradicar a pobreza extrema e a fome • Reduzir à metade a proporção de pessoas cuja renda seja inferior a U$1,25 por dia. • Alcançar emprego pleno, produtivo e decente para todos, inclusive mulheres e jovens. • Reduzir à metade a proporção de pessoas que sofrem com a fome.
ODM 2	Alcançar educação primária universal • Garantir que todos os meninos e meninas completem o curso de educação primária.
ODM 3	Promover a igualdade entre os sexos e a autonomia das mulheres • Eliminar a disparidade entre os gêneros na educação primária e secundária preferencialmente até 2005, e em todos os níveis da educação até 2015.
ODM 4	Reduzir a mortalidade infantil • Reduzir em dois terços a mortalidade de crianças menores que 5 anos.
ODM 5	Melhorar a saúde materna • Reduzir a mortalidade materna em três quartos. • Alcançar acesso universal à saúde reprodutiva.
ODM 6	Combater o HIV/aids, a malária e outras doenças • Deter e diminuir a propagação do HIV/aids. • Alcançar, até 2010, acesso universal ao tratamento do HIV/aids para todos aqueles que precisam. • Deter e diminuir a incidência da malária e outras doenças.
ODM 7	Garantir a sustentabilidade ambiental • Integrar os princípios do desenvolvimento sustentável às políticas e programas de governo dos países; reverter a perda de recursos naturais. • Reduzir a perda da biodiversidade, alcançando, até 2010, uma redução significativa da taxa de perda. • Reduzir à metade a proporção de pessoas sem acesso a água potável e saneamento básico. • Melhorar a vida de pelo menos 100 milhões de habitantes de favelas até 2020.

ODM 8	Estabelecer uma parceria global para o desenvolvimento • Desenvolver a fundo um sistema financeiro e comercial que seja aberto, baseado em regras, previsível e não discriminatório. • Atender às necessidades especiais dos países menos desenvolvidos, países sem litoral e Estados em desenvolvimento em pequenas ilhas. • Lidar compreensivelmente com as dívidas de países em desenvolvimento. • Em parceria com a indústria farmacêutica, prover acesso a medicamentos essenciais nos países em desenvolvimento. • Em parceria com o setor privado, tornar disponível os benefícios das novas tecnologias, em especial tecnologias de informação e comunicação.

Fonte: Sistematização com base nos "Objetivos de Desenvolvimento do Milênio".

Dez anos após a CNUMAD, em 2002, foi realizada em Joanesburgo, África do Sul, a Cúpula Mundial sobre o Desenvolvimento Sustentável (CMDS) cujos objetivos foram avaliar o progresso alcançado desde a Eco-92 e desenvolver estratégias para acelerar a implementação dos ODM, particularmente nos países em desenvolvimento. Essa Cúpula trouxe novo foco ao DS, apresentando maior preocupação com as questões sociais e econômicas, e concentrando-se em temas-chave, como: erradicação da pobreza, acesso à água potável e ao saneamento, fornecimento de energia, garantia à saúde e proteção da biodiversidade. A diversificação das fontes para geração de energia teve lugar importante nos debates, incluindo a discussão sobre fontes renováveis e sobre segurança energética, contribuindo de certa forma para aprofundar os debates sobre transição energética. Além disso, a CMDS buscou estabelecer os ODS como dimensão relevante da Política Ambiental Internacional, tornando-os parte indispensável da formulação de políticas nacionais e internacionais.

A CMDS, que contou com a participação de outros atores além dos Estados, reafirmou princípios e diretrizes estabelecidos desde a CNUMAH, e seu principal resultado foi a adoção do Plano de Implementação de Joanesburgo, que estabeleceu uma estrutura para a ação, tendo em vista o cumprimento dos ODM. O Plano enfatizou a necessidade de parcerias entre governos, sociedade civil e setor privado, bem como a importância de promover o desenvolvimento social e econômico e proteger o meio ambiente.

A realização da Conferência das Nações Unidas sobre o Desenvolvimento Sustentável (CNUDS), conhecida como Rio+20, expressou certo coroamento e consolidação da Política Ambiental Internacional e teve como temas principais: "economia verde no contexto do desenvolvimento sustentável e da erradicação da pobreza" e "estrutura institucional para o desenvolvimento sustentável". Destacam-se alguns pontos relevantes:

1. Economia verde: indicação de uma transição para a economia verde, voltada para a melhoria do bem-estar humano e a conquista da equidade social, reduzindo significativamente os riscos ambientais e a escassez ecológica.
2. ODS: concordância quanto ao desenvolvimento de um conjunto de objetivos para o DS que orientassem os esforços internacionais nesse tema, além de 2015, ano previsto para o cumprimento dos ODM.
3. Fortalecimento do PNUMA: concordância quanto à necessidade de uma agência ambiental da ONU, mas a proposta de reforma do PNUMA não obteve o apoio necessário.
4. Financiamento do desenvolvimento sustentável: reconheceu-se a necessidade de financiamento do DS e foi proposta a mobilização de recursos de várias fontes, públicas e privadas, internacionais e domésticas para tal finalidade.
5. O futuro que queremos: foi produzido o documento *The Future We Want*, que apresentou uma perspectiva para o DS e estabeleceu ações específicas a serem tomadas por governos, OIs e outras partes interessadas.

No geral, a Rio+20 permitiu um passo importante em direção ao compromisso global com o DS e enfatizou a necessidade de uma abordagem holística para equilibrar os objetivos econômicos, sociais e ambientais. Mesmo considerando esses pontos-chave, percebe-se que o problema da MGC foi ganhando maior prioridade na agenda ambiental, com importantes implicações para outros temas. Mesmo considerando a centralidade da MGC, a Rio+20 tratou problemas relativos às falhas na implementação de compromissos estabelecidos anteriormente e encarou novos desafios e questões emergentes vinculadas à sua temática central, como economia verde, cidades sustentáveis e segurança alimentar.

Análises mais críticas apontam para certo esgotamento desse modelo de grandes conferências, muito embora se reconheçam ganhos importantes, como: a promoção de maior visibilidade pública para os problemas ambientais; o enriquecimento do arcabouço jurídico até então negociado e que já apontava consequências positivas, ainda que não suficientes, na implementação da Agenda 21 e das ações voltadas para os ODM, dado que se reconhecem os esforços contínuos para promovê-los, incluindo a adoção da agenda 2030 para o DS.

A Agenda 2030 é um plano de ação global adotado pelos Estados-membros da ONU em 2015. Ela é uma consequência da Agenda 21 e atualiza seus termos. A Agenda 2030 é uma convocação à ação para todos os países, empresas, organizações da sociedade civil e indivíduos, para somar esforços e trabalhar para um futuro sustentável. Ela é um planejamento a ser implementado durante 15 anos, a partir dos 17 ODS, que são interligados e que se desdobram em 169 metas e indicadores.

Quadro 8 – Objetivos de Desenvolvimento Sustentável

ODS 1	**Erradicação da pobreza** – Acabar com a pobreza em todas as suas formas, em todos os lugares.
ODS 2	**Fome zero e agricultura sustentável** – Acabar com a fome, alcançar a segurança alimentar e melhoria da nutrição e promover a agricultura sustentável.
ODS 3	**Saúde e bem-estar** – Assegurar uma vida saudável e promover o bem-estar para todos, em todas as idades.
ODS 4	**Educação de qualidade** – Assegurar a educação inclusiva e equitativa e de qualidade e promover oportunidades de aprendizagem ao longo da vida para todos.
ODS 5	**Igualdade de gênero** – Alcançar a igualdade de gênero e empoderar todas as mulheres e meninas.
ODS 6	**Água potável e saneamento** – Garantir disponibilidade e manejo sustentável da água e saneamento para todos.
ODS 7	**Energia acessível e limpa** – Garantir acesso a energia barata, confiável, sustentável e renovável para todos.
ODS 8	**Trabalho decente e crescimento econômico** – Promover o crescimento econômico sustentado, inclusivo e sustentável, emprego pleno e produtivo, e trabalho decente para todos.

ODS 9	**Indústria, inovação e infraestrutura** – Construir infraestrutura resiliente, promover a industrialização inclusiva e sustentável, e fomentar a inovação.
ODS 10	**Redução das desigualdades** – Reduzir a desigualdade dentro dos países e entre eles.
ODS 11	**Cidades e comunidades sustentáveis** – Tornar as cidades e os assentamentos humanos inclusivos, seguros, resilientes e sustentáveis.
ODS 12	**Consumo e produção sustentáveis** – Assegurar padrões de produção e de consumo sustentáveis.
ODS 13	**Ação contra a mudança global do clima** – Tomar medidas urgentes para combater a mudança do clima e seus impactos.
ODS 14	**Vida na água** – Conservação e uso sustentável dos oceanos, dos mares e dos recursos marinhos para o desenvolvimento sustentável.
ODS 15	**Vida terrestre** – Proteger, recuperar e promover o uso sustentável dos ecossistemas terrestres, gerir de forma sustentável as florestas, combater a desertificação, deter e reverter a degradação da terra e deter a perda de biodiversidade.
ODS 16	**Paz, justiça e instituições eficazes** – Promover sociedades pacíficas e inclusivas para o desenvolvimento sustentável, proporcionar o acesso à justiça para todos e construir instituições eficazes, responsáveis e inclusivas em todos os níveis.
ODS 17	**Parcerias e meios de implementação** – Fortalecer os meios de implementação e revitalizar a parceria global para o desenvolvimento sustentável.

Fonte: Sistematizado a partir dos Objetivos de Desenvolvimento Sustentável.

Contudo, reconhece-se certo descompasso entre a disposição à negociação, apresentada pelos governos e, consideradas as condições da dinâmica política, certa morosidade e hesitação para assumir os desafios vinculados a ações de implementação de diretrizes já consolidadas da Política Ambiental Internacional. As temáticas tratadas no âmbito dessa Política foram gradativamente se concentrando em alguns pontos considerados mais relevantes, destacando-se, dentre eles, atualmente, a MGC.

Essa Política (enquanto *policy*) refere-se ao conjunto de regras, princípios e práticas que orientam sobre como os países devem interagir em questões relacionadas ao meio ambiente. Por outro lado, essa Política (enquanto *politic*) refere-se ao processo de tomada de decisão e negociação entre Estados, OIs e outras partes interessadas envolvidas na sua formulação. Assim considerada, as bases da Política Ambiental Internacional foram lançadas em 1972 e aprofundadas em 1992, processo cuja consolidação permanece.

Governança ambiental global

Dando continuidade ao desenvolvimento da Política Ambiental Internacional, este capítulo apresenta, em linhas gerais, elementos da governança ambiental global. À medida que as pressões sobre o meio ambiente se tornam mais interconectadas, interdependentes e globalizadas, geram-se novos desafios e novas demandas aos processos e às estruturas de governança. Tendo isso em vista, este capítulo se organiza em sete seções. A primeira introduz o tema geral, considerando a importância da governança ambiental no contexto atual e avança na definição desse conceito. A segunda seção apresenta e discute alguns dos desafios dessa governança. A terceira seção trata das negociações em torno dos problemas ambientais e das estruturas de governança, contextualizando arenas, atores e processos no seu âmbito. A quarta seção apresenta os regimes ambientais internacionais como estruturas de governança. A quinta seção traz uma breve discussão sobre a importância das comunidades epistêmicas nesse processo e a sexta discute a dimensão da segurança ambiental como elemento relevante da governança ambiental global. O capítulo é finalizado com uma breve conclusão.

INTRODUÇÃO À IDEIA E AO CAMPO DE CONHECIMENTO DA GOVERNANÇA AMBIENTAL GLOBAL

A governança ambiental global pode ser comparada a uma estrutura institucional e organizativa de amplo alcance na qual é essencial que os membros interajam, cooperem entre si e atuem de maneira articulada ou coordenada. Essa estrutura tem sido desenvolvida para lidar com os impactos das atividades humanas no planeta, ambiente para o qual tal estrutura tem relevância e significado. Dentro dessa estrutura, Estados, OIs diversas, ONGs, corporações empresariais, além de outros atores representam interesses e valores específicos, relativos aos temas da agenda ambiental, mas precisam encontrar pontos de convergência que tornem possível prover respostas comuns para problemas comuns. Essa estrutura possui princípios, normas e regras que orientam as ações desses diversos atores e que se expressam nos tratados, acordos, regimes, dentre outras formas de instituição que estabelecem diretrizes para a ação e a interação entre os atores no âmbito dessa grande estrutura. Em diversos níveis, envolvendo vários agentes, são elaboradas políticas visando à coordenação de esforços, para possibilitar a tomada de decisão sobre questões relevantes da agenda ambiental. Pode-se dizer que a governança ambiental global fornece os espaços e as estruturas institucionais e organizativas nos quais a Política Ambiental Internacional se realiza.

Como em toda grande estrutura, essa também demanda mediadores ou lideranças que sejam capazes de atuar nos processos de negociação possibilitando o diálogo entre os diversos agentes, superando dificuldades ou impasses e facilitando a identificação de melhores caminhos e ambiente apropriado para o diálogo em situações em que persistam conflitos entre diferentes interesses e/ou valores. Certamente há competição, dado que os agentes possuem objetivos mais imediatos e diferentes metas, mas é fundamental que haja também cooperação. Isso porque na governança ambiental global, objetivos comuns precisam ser alcançados e metas globais precisam ser estabelecidas. Esse é um jogo para ser jogado, mas espera-se que o resultado seja de soma positiva. Ainda que os ganhos não favoreçam a todos na mesma medida, os jogadores devem agir com transparência e as decisões tomadas devem almejar a justiça e o bem-estar de todos.

Essa analogia busca dar materialidade a um conceito, buscando sua melhor compreensão. A governança ambiental global, como essa grande estrutura, tem a responsabilidade de gerenciar e proteger de forma sustentável os recursos naturais da Terra. A autoridade dessa estrutura é, principalmente, do tipo racional-legal, dado que ela se baseia em tratados, acordos, convenções e outros instrumentos com maior ou menor grau de formalização. Nesses instrumentos é que estão definidas as regras e as normas de conduta dos participantes dessa grande estrutura. Contudo, e como se pode depreender de todo processo amplo e complexo, lideranças ou OIs podem mobilizar ação e apoio com base nos valores fundamentais que defendem. Há também influência de sociedades e de práticas tradicionais, além da realizada pelos povos originários que, baseados em diversas tradições culturais e crenças, buscam influenciar a conformação dessa estrutura e de sua autoridade.

Assim, o sucesso desse empreendimento depende da cooperação entre vários atores, mesmo considerando a competição entre eles em diversos momentos e sobre as mais diferentes temáticas. A construção dessa estrutura tem uma história. Parte dela já foi apresentada nos capítulos anteriores, embora com outro foco. Aqui, essa construção será desenvolvida um pouco mais.

Como já apresentado nos capítulos anteriores, a temática ambiental tem 1972 como marco histórico inicial de sua trajetória enquanto tema relevante na agenda da política internacional. Durante a CNUMAH foi criado o PNUMA, principal autoridade global para lidar com a temática ambiental, cuja missão é "inspirar, informar e permitir que países e povos melhorem sua qualidade de vida sem comprometer a das gerações futuras". Pode-se dizer que o Programa ocupa lugar central na estruturação da governança ambiental global e, a partir das arenas de debates criadas em decorrência de suas iniciativas, principalmente as grandes conferências ambientais, tem estimulado o adensamento das instituições que compõem as estruturas dessa governança.

Alguns marcos na história da construção da governança ambiental global

A governança ambiental global envolve uma complexa estrutura e um longo processo que foi se constituindo durante várias décadas, à medida que a comunidade internacional foi reconhecendo a crescente importância das questões ambientais. A seguir estão alguns marcos desse processo:

1. **Anos 1960-1970**: Período no qual o mundo viu surgir e ganhar força o movimento ambientalista moderno. Esse movimento foi impulsionado pela identificação de diversos problemas ambientais, pelo avanço do conhecimento sobre o meio ambiente e pela divulgação desse conhecimento para o público. Assim, eventos como a publicação do livro *Primavera silenciosa*, de Rachel Carson (1962), a Conferência da Biosfera, realizada em 1968, e a celebração do Dia da Terra em 1970 foram fundamentais. Essa conscientização levou à realização da CNUMAH em Estocolmo, 1972. O evento marcou o início das discussões internacionais sobre questões ambientais.
2. **Década de 1980**: Período em que se descobriu o buraco na camada de ozônio por meio de pesquisas científicas que monitoravam a atmosfera terrestre e seus constituintes. Em resposta, a comunidade internacional se mobilizou para tomar medidas, levando à negociação e à adoção do Protocolo de Montreal em 1987, que estabeleceu compromissos para a redução da produção e consumo de substâncias que depletam o ozônio, como os clorofluorcarbonos (CFCs). Esse protocolo e seus subsequentes ajustes têm sido bem-sucedidos em reduzir a produção e o uso dos CFCs, levando à recuperação gradual da camada de ozônio atualmente. As negociações desse protocolo contribuíram para ampliar e aprofundar a cooperação internacional em torno de questões ambientais.

Nesse período, há uma crescente preocupação com relação às mudanças do clima. Desde o século XIX, cientistas manifestam preocupação com variações climáticas e suas possíveis causas. Na década de 1950, os pesquisadores começaram a medir concentrações atmosféricas de CO_2 e a observar um aumento constante de sua concentração ao longo do século XX. Eles identificaram a queima de combustíveis fósseis como uma de suas causas principais. Nos anos 1960, cientistas alertaram para um possível aquecimento global provocado pela concentração de CO_2 na atmosfera. Esses elementos e a descoberta do buraco na camada de ozônio incentivaram a criação do Painel Intergovernamental sobre Mudanças Climáticas (IPCC, na sigla em inglês) em 1988.
3. **Década de 1990**: A Rio-92 foi um evento crucial, pois foram adotadas convenções importantes, como a UNFCCC e a Convenção da Diversidade Biológica (CBD). A Agenda 21 é outro documento fundamental que estimulou o espraiamento da temática ambiental. Em 1997, foi negociado o Protocolo de Kyoto, que estabeleceu metas de redução de emissões de gases de efeito estufa.
4. **Da década de 2000 até o presente**: Após a Eco-92, as questões ambientais despertaram maior interesse dos Estados e da opinião pública. A temática ambiental, contemplada na Agenda 21, se desdobrou em diversos tópicos específicos. Esse processo fez expandir as estruturas da governança ambiental internacional.

Em 2000 aconteceu a Cúpula do Milênio, organizada pela ONU, na qual foram estabelecidos os ODM, precursores dos ODS, adotados em 2015. Além disso, foram realizadas as conferências ambientais em 2002 e 2012. A agenda ambiental foi redefinindo seu curso, avançando para a conexão entre os três pilares que formam o DS: a sustentabilidade ambiental, econômica e social.

> O Acordo de Paris, adotado em 2015, representou um marco significativo no esforço global para combater as MGC. Além disso, a crescente consciência a respeito da perda de biodiversidade e da necessidade de conservação dos oceanos criou condições para o surgimento de iniciativas como a Plataforma Intergovernamental sobre Biodiversidade e Serviços Ecossistêmicos (IPBES, na sigla em inglês) e a negociação de um Tratado Global dos Oceanos.
>
> A governança ambiental global se encontra diante de desafios muito relevantes. Dentre eles estão a efetiva implementação de acordos, a resolução de conflitos de interesses entre os países e a necessidade de lidar com muitas questões atuais, como a poluição por plástico e a degradação dos ecossistemas. A preocupação com a preservação dos oceanos e o aquecimento global parece já não ser mais um aceno para o futuro – são desafios que precisar ser enfrentados e são urgentes. Em razão disso, há esperança de que a colaboração internacional continue a impulsionar os esforços para promover um mundo mais sustentável.

Fonte: Elaboração própria com base em "Conferences | Environment and sustainable development", disponível em https://www.un.org/en/conferences/environment.

Além de envolver uma prática política, a governança ambiental é um campo de conhecimento que encoraja estudos e pesquisas abrangendo diversos conceitos. Seja um ou outro aspecto, essa é uma área temática composta por muitos atores e ideias, o que a caracteriza como um campo de debates e disputa discursiva. Enquanto prática política e campo de conhecimento, a governança ambiental tem impactos importantes na sociedade, dado que envolve outras questões que se entrelaçam com as preocupações ambientais em sentido mais estrito. Neste capítulo não se pretende dar conta dessa complexidade, mas, principalmente, situar o leitor na temática mais geral da governança ambiental e informá-lo sobre a forma como essa governança se estrutura.

O conceito de governança ambiental evoluiu ao longo do tempo, refletindo o crescente reconhecimento de problemas complexos e interconectados, como os sistemas florestais e agroflorestais, as águas doces, os oceanos e o sistema climático. As dinâmicas do processo de globalização e seu aprofundamento provocam, como um de seus efeitos, maior interligação econômica e política dos problemas ambientais e relativos ao DS dos países e das comunidades locais. Essa dinâmica e seus impactos exigem medidas que permitam orientar a ação dos atores em diversos níveis, além de possibilitar sua coordenação. Em razão disso, a governança ambiental é essencial face aos desafios apresentados pela globalização e sua relação com o DS e com medidas que possam contribuir para a garantia de um meio ambiente saudável. Ela é uma questão crítica no contexto global, dado que a criação de estruturas e mecanismos institucionais para a gestão sustentável dos recursos naturais é essencial para proteger o meio ambiente e manter seus serviços vitais.

O tema da governança ambiental é um campo de estudo cada vez mais importante. Seu principal objeto são as instituições, os processos, os atores e os mecanismos que estruturam as relações entre os entes constitutivos da governança e os processos de tomada de decisão no âmbito de suas instituições. De modo mais específico, a governança ambiental analisa como atores – Estados, OIs, corporações, ONGs, movimentos sociais – interagem e geram padrões de comportamento cooperativo para lidar com os problemas relativos ao meio ambiente e ao DS. Isto é, como esses agentes produzem a Política Ambiental Internacional.

No que diz respeito à governança, é possível identificar algumas tendências que apontam em diferentes direções: a) estabelecer uma regulação mais centralizada no nível global, criando condições de coordenação para garantir sua viabilidade política; b) abordar os problemas ao nível das comunidades, garantindo assim maior participação das partes interessadas, o que produziria maior legitimidade e promoveria maior eficácia na implantação das decisões tomadas; c) criar condições para a participação mais ativa de atores privados e outros agentes não governamentais nos processos de governança.

No campo das RI grande parte dos problemas globais afetos à preservação do meio ambiente e ao DS estão fortemente vinculados a problemas ambientais cujos impactos negativos, tanto para o meio ambiente quanto para as sociedades humanas, expressam situações em que há necessidade de alinhar custos e benefícios da ação, *vis-à-vis* os diversos interesses e condições dos atores. Em muitas situações, o conhecimento científico disponível é ainda limitado em sua capacidade para, de fato, gerar uma solução viável para o problema devido à grande complexidade e às incertezas relativas a ele.

A criação do PNUMA foi fundamental para o estabelecimento das condições iniciais necessárias à governança ambiental de alcance global. A realização das grandes conferências ambientais, conforme explorado, encorajou o desenvolvimento de estruturas e mecanismos institucionais dessa governança. Além disso, essas conferências permitiram o aprofundamento do debate político sobre os problemas ambientais e do DS, o que também estimulou o adensamento dessas estruturas e mecanismos institucionais, que se estenderam e se ampliaram para áreas temáticas mais específicas, a partir da criação de diversos regimes ambientais internacionais.

Pode-se definir governança ambiental como uma práxis e um campo de conhecimento que consiste em políticas, leis, normas, regras e instituições em diferentes escalas espaciais que governam as atividades humanas e os recursos naturais. Ela se refere à coordenação e cooperação entre atores globais para lidar com questões que afetam as relações entre múltiplos temas e em diversos locais. Seu objetivo é prover condições para a tomada de decisão, coordenar agentes e processos políticos e alcançar o DS. Para isso são necessários ambientes institucionais para a tomada de decisão dotados de princípios, normas e regras adequados. Um caminho possível para atender a esses parâmetros é a integração de abordagens ecológicas, econômicas e sociais à governança ambiental em todas as escalas espaciais. Dessa definição pode-se inferir a complexidade do conceito e das práticas políticas no campo da governança ambiental.

O conceito de governança ambiental foi proposto na década de 1990 no sentido de expressar a conscientização sobre o ritmo acelerado de várias mudanças sistêmicas que ocorreram no mundo à época, indicar a rápida proliferação de questões e atores e manifestar a inadequação das OIs então existentes para lidar com as temáticas ambientais. Além disso, muitos problemas contemporâneos internacionais, inclusive os ambientais, têm exigido novos tipos de parcerias, seja entre organizações intergovernamentais ou parcerias público-privadas.

Esse conceito tem evoluído ao longo do tempo, o que expressa o crescente reconhecimento de problemas complexos e interconectados, como já referido anteriormente. A pesquisa sobre governança ambiental tem crescido, considerando as escalas do nível local para o global; em geral, ela está voltada para o entendimento dos fatores que permitem ou minam a proteção, a conservação e a gestão ambiental. Esse processo de produção de conhecimento sobre a governança ambiental também desenvolveu um léxico comum para descrever as principais características que definem o que é entendido como boa governança ambiental.

A noção de boa governança inclui o reconhecimento da necessidade de participação, em suas estruturas e processos, de outros atores além dos Estados, além de uma variedade de formas de engajamento, envolvendo participação direta na tomada de decisão, consulta às partes interessadas e conscientização da sociedade. Além disso, é enfatizada a importância de se obter equilíbrio entre efetivas ações voltadas aos problemas ambientais, equidade e capacidade de resposta. Essa abordagem é essencial para o alcance de metas que integram os ODS. A definição proposta também reconhece que diferentes questões ambientais requerem soluções diferentes nas escalas local, regional e global.

Desse modo, para melhor entendimento do conceito é importante observar seus termos. Assim, governança se refere ao processo de tomada de decisões no que diz respeito à formulação de políticas, implementação e monitoramento de ações relacionadas a uma determinada temática, processo que ocorre mesmo na ausência de uma autoridade central dotada de poder coercitivo. Costuma-se diferenciar governança de governo. Governança, como já dito, refere-se a um processo ou sistema pelo qual uma organização, uma sociedade ou uma comunidade toma decisões e exerce o controle sobre seus recursos, políticas e diretrizes. Governo, por sua vez, refere-se às instituições, autoridades e órgãos que exercem poder e tomam decisões em nome do Estado. No contexto da governança ambiental global, o termo *governança* expressa o modo como os diversos atores colaboram e coordenam esforços para lidar com questões ambientais em escala global.

O termo *ambiental* refere-se ao meio ambiente, sendo que meio ambiente abrange os componentes naturais e os sistemas que constituem o planeta Terra. A Lei Federal nº 6.938/1981, que instituiu a Política Nacional do Meio Ambiente, em seu artigo 3º, alínea I, entende que "meio ambiente [é] o conjunto de condições, leis, influências e interações de ordem física, química e biológica, que permite, abriga e rege a vida em todas as suas formas". Assim, a governança ambiental concentra-se na gestão e proteção desses recursos naturais, abrangendo ainda a mitigação de ameaças ambientais, como as das mudanças climáticas.

Por fim, entende-se que o termo global se refere à escala geográfica. Isto é, problemas e desafios ambientais são objeto da governança global uma vez que não se restringem ao território de nenhum país, mas abrangem o próprio planeta. Desse modo, há o reconhecimento de que muitos dos problemas ambientais não podem ser resolvidos local ou regionalmente, mas demandam cooperação internacional.

DESAFIOS

Atualmente, a governança ambiental global enfrenta uma série de complexos desafios. O ambiente no qual instituições e mecanismos de governança operam é marcado por mudanças significativas nas condições ambientais, políticas e econômicas globais, conforme já discutido. Dentre as questões mais complexas a serem enfrentadas estão a MGC e a perda da biodiversidade.

Em decorrência das alterações climáticas, algumas regiões já sofrem com eventos climáticos extremos e escassez de recursos. Esses problemas se refletem em várias outras questões ambientais, aumentando os desafios a serem enfrentados. Pode-se admitir três principais desafios à governança ambiental global: 1) diferenças de interesses entre os atores, o que torna as negociações longas e complexas; 2) mudanças importantes nas condições globais, políticas e socioeconômicas; 3) a necessidade de conexão local/global.

As condições para uma efetiva governança ambiental global são influenciadas pelas diferenças de interesses e de valores portados pelos agentes que compõem a grande estrutura de governança e que competem entre si no processo de elaboração das instituições que a suportam. Pode-se dizer que a diversidade de preferências nacionais é um dos seus elementos. Cada país possui suas próprias prioridades em relação ao meio ambiente, estabelecidas, em geral, a partir de interesses econômicos, mas também das condições geográficas, do *pool* de recursos naturais disponíveis no seu território, do seu grau de desenvolvimento, das necessidades de sua população.

Tais prioridades podem gerar divergências sobre como lidar com as questões ambientais.

Ainda relativamente ao primeiro desafio, outro elemento importante é o entendimento que os países têm acerca da relação entre desenvolvimento econômico e sustentabilidade. Alguns países em desenvolvimento podem priorizar o crescimento econômico, tendo em vista a superação da pobreza, mas tal prioridade pode conflitar com as metas de sustentabilidade ambiental. Há que se levar em conta, ainda, que interesses econômicos privados podem colidir com objetivos de preservação ambiental.

O acesso a recursos naturais é outro item desse desafio: a competição por recursos finitos, como água potável e terras agricultáveis, pode provocar tensões entre os países, principalmente em áreas onde há maior escassez. Pode-se enumerar ainda as diferenças culturais e de valores em relação à natureza, a assimetria de poder entre os atores globais, as mudanças importantes na dinâmica da política doméstica que podem impulsionar desmonte ou descontinuidade das políticas ambientais, a questão sobre como custos e benefícios das ações ambientais são distribuídos entre os países e em que medida se observa, ou não, o princípio das responsabilidades comuns, mas diferenciadas.

O enfrentamento desses desafios demanda que os agentes inseridos nas estruturas organizativas da governança ambiental global se envolvam em negociações complexas para obter soluções que observem diferentes perspectivas dos diversos agentes envolvidos no processo. Nesse sentido, a conscientização da população, ações da sociedade civil organizada tendo em vista pressionar os Estados por soluções mais justas e equitativas, além dos avanços do conhecimento científico, podem desempenhar um papel fundamental no que diz respeito a uma efetiva ação ambiental global.

Outro desafio refere-se a mudanças nas condições globais, políticas e econômicas. Esses elementos têm implicações profundas na forma como o mundo lida com as questões ambientais. Por exemplo, o fenômeno da MGC tem gerado uma crise climática que se agrava. Eventos climáticos extremos demandam medidas decisivas para reduzir emissões de GEE, além de políticas de adaptação aos impactos dessas mudanças.

Há também um dilema que diz respeito à biodiversidade, cuja perda continua a ritmos alarmantes. Estima-se que 28% das espécies conhecidas estejam ameaçadas de extinção. Tal fato se deve à progressiva degradação de habitats como florestas, zonas úmidas e outros. Esse fenômeno também demanda medidas para proteger as formas de vida, encorajar esforços para a conservação da biodiversidade, além de práticas agrícolas sustentáveis.

Outro elemento é a escassez de recursos naturais, tanto em função da crescente demanda quanto por pressões sobre os ecossistemas globais. Os oceanos enfrentam ameaças importantes em razão da acidificação, da captura excessiva de peixes, da poluição por resíduos plásticos, entre outros. Esses desafios produzem adversidades em outras dimensões.

Além desses elementos, é importante considerar: a globalização econômica que aumenta a pressão sobre os recursos naturais em escala sem precedentes, podendo levar à sua exploração insustentável; a transferência de populações das áreas rurais para as urbanas também pressionam os ecossistemas locais, exigindo gestão mais eficaz dos recursos naturais nas cidades; as desigualdades econômicas e sociais são um desafio à governança ambiental global, principalmente considerando a desigual influência que países desenvolvidos exercem sobre as estruturas institucionais constituídas para prover as condições dessa governança.

O terceiro desafio diz respeito aos diferentes níveis que a governança ambiental deve articular, além da escala a ser abrangida pelas ações demandadas para que tal estrutura possa funcionar. Esse é um ponto bastante controverso no âmbito dos debates acerca da governança ambiental global. Apesar disso, em geral se entende que a governança ambiental global deve articular os níveis local e global e, sempre que adequado, o nível regional. Essa conexão é parte importante do debate sobre a governança ambiental global, sobretudo quando questões complexas e interconectadas estão em discussão, como é próprio dos problemas ambientais. Essa conexão é, em geral, tratada por meio de abordagens sobre a governança que pretendem integrar perspectivas e ações em diferentes níveis.

Síntese de possíveis conexões entre os níveis local e global no âmbito do debate sobre a governança ambiental global

Subsidiariedade – Princípio mencionado para enfatizar que as decisões no campo das políticas ambientais, para serem mais eficazes, devem ser tomadas no nível mais apropriado e mais próximo dos cidadãos. Isto é, questões locais devem ser tratadas localmente, mas aquelas que transcendem limites locais podem demandar ações ao nível nacional ou global.

Descentralização – Está relacionada à transferência de poder e autoridade dos níveis hierarquicamente superiores para os níveis inferiores de governo, a exemplo dos governos estaduais ou municipais. Isso permitiria que comunidades locais exerçam maior controle sobre as decisões de questões que mais as afetam.

Participação – A participação dos cidadãos no processo de tomada de decisões é fundamental para que a conexão local/global seja mais bem-sucedida. Mecanismos para isso seriam consultas públicas, reuniões comunitárias, organização de conselhos locais e outras.

Redes de cidades e regiões – Em várias regiões do globo existem redes de cidades ou a organização de agrupamentos e/ou coalizões regionais que visam ao compartilhamento de conhecimento e boas práticas e que buscam coordenar ações em questões de interesse comum.

Acordos internacionais e compromissos globais – Acordos e compromissos globais estabelecem metas a serem cumpridas, mas, em alguns casos, permitem que os países incorporem suas ações e contribuições nacionais, o que pode ensejar esforços no nível local. Exemplo: Contribuições Nacionalmente Determinadas, conforme definidas pelo Acordo de Paris.

Transparência e informação – Podem garantir que comunidades locais acompanhem as questões globais de modo mais autônomo, com maior acesso aos problemas e às soluções para eles, o que poderá facilitar a tomada de decisão no nível local.

Transferência de conhecimento e capacitação – Maior garantia de acesso ao conhecimento e a oportunidades de capacitação às comunidades locais, tendo em vista o desenvolvimento de suas condições para um real engajamento nos processos decisórios sobre temas complexos.

Resiliência – Fortalecimento da resiliência local e a global, incluindo a construção de capacidades locais para responder a choques e estresses, além da constituição de meios que melhorem a resiliência global para o enfrentamento de eventos globais.

Entende-se que a conexão local/global pode ser alcançada por meio de abordagens que valorizem a participação dos cidadãos no nível local. Em razão disso, é importante discorrer sobre governança multinível e governança policêntrica, comparando ambos os tipos.

Governança multinível se refere a um sistema no qual várias camadas de autoridade governam ou tomam decisões simultaneamente, sendo que cada uma possui níveis de poder, competência e responsabilidade específicos, a depender dos problemas a serem enfrentados. Nesse sentido, a governança multinível reconhece que muitos problemas não podem ser adequadamente tratados em um único nível, exigindo cooperação e capacidade de coordenação entre diferentes atores nos diferentes níveis.

Por sua vez, a governança policêntrica se refere a um sistema no qual múltiplos atores autônomos participam do processo de tomada de decisão e da implementação de políticas relacionadas a um problema comum. Nesse sistema, não há uma autoridade central e o poder é distribuído entre os diversos atores, cada um deles atuando em função de sua capacidade e em seu contexto específico. Entende-se que esse tipo de governança é mais descentralizado e mais flexível, o que propicia a solução para problemas complexos. Ambos os modelos têm suas aplicações e podem ser adotados a partir da escolha dos agentes com base em necessidades específicas de governança e das características dos problemas a serem resolvidos.

Quadro 9 – Comparação entre as abordagens da governança multinível e a governança policêntrica

Aspecto	Governança Multinível	Governança Policêntrica
Estrutura de Autoridade	Hierárquica, com múltiplos níveis	Descentralizada, sem hierarquia
Autoridade Central	Presente em várias situações	Ausente
Tomada de Decisões	Coordenação entre níveis de governo	Autonomia de ação dos atores
Coordenação	Foca a coordenação entre níveis de governo	Baseada em redes de atores
Flexibilidade	Menos flexível devido à hierarquia	Mais flexível e adaptativa

Contexto Típico	Problemas complexos, regulamentação abrangente	Problemas adaptativos, gestão local
Exemplos	União Europeia, estruturas federativas de governos nacionais	Gestão de recursos locais
Enfoque em Hierarquia	Sim	Não
Enfoque em Autonomia	Não	Sim

Considerando a governança ambiental global – e antes de avançar na discussão de sua estrutura –, podemos pensá-la como uma combinação da governança multinível e da policêntrica. Isso porque a governança ambiental global envolve uma rede muito ampla e complexa de atores, incluindo governos nacionais, OIs, ONGs, empresas, organizações corporativas, comunidades locais, dentre outros. Esses diversos atores operam em múltiplos níveis, em termos de escala e de autoridade, e possuem diferentes graus de autonomia. Esse entendimento se deve a alguns elementos relativos a essa governança:

1. Envolve múltiplos níveis tanto em escala como em autoridade, e abrange diversos tipos de normas como acordos globais, convenções, tratados internacionais, leis nacionais e até regulamentos locais. Um exemplo é o Acordo de Paris, que pode ser entendido como um acordo multinível, que envolve diversos países, cada um com suas próprias leis e regulamentos para a implementação dos compromissos acordados.
2. Incorpora elementos da abordagem policêntrica, dado que muitas questões ambientais requerem a participação e a colaboração direta de vários atores como os governos locais, ONGs, empresas e comunidades locais. Sem a participação desses atores, a implementação de acordos globais pode ficar comprometida.
3. Opera, muitas vezes, por meio de redes de atores que colaboram e coordenam ações quanto a questões específicas. Essas redes podem incluir atores em diferentes níveis e contextos, tornando a governança de caráter mais policêntrico.

4. Problemas ambientais globais, como a MGC, são complexos e interconectados. Essa condição exige abordagens multinível para a coordenação de políticas e soluções adaptativas que envolvam diversos atores, inclusive locais e regionais.

Entende-se, portanto, que seja adequado considerar a governança ambiental global uma combinação dessas duas abordagens. Contudo, para efeito de estudos práticos sobre as estruturas dessa governança, pode haver a ascendência de uma ou outra abordagem, a depender da área temática, dos atores a serem estudados, do nível no qual se pretende focar a análise, dentre outras condicionantes.

ARENAS, PROCESSOS E ATORES

As negociações são um aspecto fundamental quando se consideram os processos de decisão sobre as políticas para lidar com os problemas ambientais comuns, bem como sobre a decisão em torno das estruturas para a sua governança. Essas negociações envolvem, em geral, representantes dos Estados, OIGs, OIs, ONGs e outros atores. Em geral, o objetivo delas é encontrar soluções e estabelecer compromissos comuns, cujo objeto são os problemas ambientais identificados.

Um grande número de atores demanda um processo mais longo de negociações, que pode ser também muito complexo. Ele tem início com a identificação de problemas comuns e pode avançar para a definição de metas e objetivos a serem alcançados pelos Estados que se comprometem com o processo. As partes interessadas debatem, propõem soluções e estabelecem um sistema de diálogo visando à obtenção de consenso quanto a possíveis soluções para o problema em tela.

É bastante comum que esses processos enfrentem desafios em função de divergências de interesses entre seus participantes. Há divergências quanto às políticas a serem adotadas, à distribuição de responsabilidades, ao estabelecimento de metas mais ou menos ambiciosas, dentre outras.

Tais diferenças muitas vezes estão relacionadas à identificação de fontes de financiamento, além de cronogramas para a consecução de objetivos e metas. É importante ainda salientar que, muitas vezes, as negociações internacionais sobre questões ambientais se fazem acompanhar por grande pressão da sociedade civil, que desempenha papel importante na conscientização da opinião pública e na formação da preferência dos Estados quanto às políticas a serem definidas, bem como a maiores ambições nas metas a serem estabelecidas para a solução do problema objeto da negociação.

Como resultado desses processos, os atores estabelecem acordos e convenções internacionais sobre o tema/problema em discussão. Esses acordos definem compromissos, objetivos e metas específicos para os países signatários, também chamados de "partes" – são membros do acordo firmado e se comprometem com ele, por vontade soberana. Em alguns desses processos de negociação, os acordos podem envolver a obrigação de as partes monitorarem seu progresso quanto à implementação das normas estabelecidas, tendo em vista expressar o cumprimento dos compromissos assumidos, relatar ações e resultados. Esses procedimentos são fundamentais para garantir maior transparência e prestação de contas para os demais signatários e para o público em geral.

As negociações internacionais sobre questões ambientais têm evoluído ao longo do tempo em razão da participação mais ampla de outros atores que não os Estados, ainda que somente com poder de voz; da ampliação e aprofundamento do conhecimento científico disponível, que pode permitir a identificação de soluções viáveis para o problema em foco, além de indicar alternativas de políticas para lidar com ele; da possibilidade de rever acordos já estabelecidos, definir regras mais claras e estabelecer compromissos e metas mais bem delimitados, o que facilita o monitoramento e pode ampliar a transparência nos processos de sua implementação. Embora se notem tais progressos, os problemas ambientais continuam sendo um grande desafio; esforços adicionais são sempre demandados na solução desses problemas, além da pressão por aprimoramento das políticas e das práticas de governança ambiental, considerando todos os níveis.

É importante situar o leitor quanto aos espaços nos quais os diversos atores envolvidos nesses processos de negociação se encontram para dialogar. Tais processos ocorrem em várias arenas em todo o mundo, que servem como espaços de diálogo, também denominados de fóruns, onde os atores envolvidos discutem, barganham e estabelecem acordos sobre o problema foco da negociação.

Quadro 10 – Algumas das principais arenas de negociação das políticas ambientais

Arenas de negociação	Características
ONU	Desempenha papel central na governança ambiental global. Por intermédio de várias agências, como o PNUMA, a ONU organiza conferências e cúpulas internacionais, nas quais os Estados-membros negociam acordos e metas relacionados ao meio ambiente.
Instituições financeiras multilaterais	A exemplo do Banco Mundial e do Banco Interamericano de Desenvolvimento (BID), essas instituições desempenham papel importante na governança ambiental global por meio de financiamento para projetos de DS, muitas vezes condicionando esse financiamento à implementação de medidas ambientais e sociais.
Organizações de comércio e acordos comerciais	A Organização Mundial do Comércio (OMC) e acordos comerciais regionais também possuem papel relevante na governança ambiental, dado que podem afetar as regras comerciais relacionadas a produtos ambientais, como madeira certificada e produtos orgânicos.
Acordos e convenções ambientais globais	Exemplos: Acordo de Paris sobre mudança climática, Convenção sobre Diversidade Biológica, Protocolo de Montreal e muitos outros que abordam temas ambientais específicos.
Fóruns regionais	Espaço onde os países discutem questões ambientais comuns e colaboram em medidas de conservação e gestão de recursos naturais.
Conselhos e parcerias público-privadas	Muitas parcerias público-privadas e conselhos consultivos foram estabelecidos para abordar questões ambientais. Os fóruns envolvem governos, empresas e organizações da sociedade civil.
Fóruns da sociedade civil	ONGs e grupos de defesa ambiental têm realizado conferências e eventos para pressionar por ações ambientais e colaboram com governos e OIs.
Fóruns de ciência e pesquisa	Redes de pesquisadores, comunidades epistêmicas, fóruns e conferências acadêmicas permitem que cientistas compartilhem descobertas que podem contribuir para a formulação de políticas ambientais.

No que diz respeito à governança global, a ONU desempenha um importante papel. Criada em 1945 para promover a cooperação internacional e resolver conflitos entre os Estados, ela é crucial para as negociações, atuando na coordenação desses esforços, no desenvolvimento e promoção de acordos e convenções ambientais internacionais e na organização e coordenação de conferências ambientais. A ONU tem um importante papel no monitoramento dos países em relação ao cumprimento de metas ambientais estabelecidas em acordos; auxilia os países em desenvolvimento prestando assistência técnica e financeira para o enfrentamento dos desafios ambientais; contribui para a promoção da conscientização global sobre esses problemas.

O PNUMA é crucial para a governança ambiental global, desempenhando um conjunto de funções fundamentais para o impulsionamento da agenda ambiental. Dentre elas, destacam-se: a promoção da cooperação internacional, a partir de sua atuação como catalisador, facilitador do diálogo entre os atores interessados no enfrentamento dos desafios ambientais comuns; o apoio técnico e expertise nas negociações internacionais sobre questões ambientais; o monitoramento do estado do meio ambiente global, por meio da coleta e sistematização de dados e informações sobre as mais diversas questões ambientais; a prestação de apoio a políticas e regulamentações, atuando junto aos governos e parceiros na promoção da implementação de acordos internacionais e orientações para a elaboração de regulações ambientais domésticas; atuação na Agenda 2030, tendo em vista a implementação de ações para o cumprimento dos ODS; a conscientização da opinião pública e a promoção da educação ambiental; o apoio aos países em desenvolvimento, com a oferta de assistência técnica e financeira para a realização de projetos de conservação, adaptação às mudanças climáticas, gestão de recursos naturais, dentre outros. Além da ONU e do PNUMA, há diversos outros atores que participam do processo de negociação sobre questões ambientais.

Quadro 11 – Atores na governança ambiental global

Atores	Papéis na governança ambiental global
Governos nacionais	• Negociam acordos internacionais sobre questões ambientais. • Desenvolvem políticas e regulamentações ambientais nacionais. • Implementam compromissos e metas acordados internacionalmente.
Organizações internacionais governamentais e intergovernamentais	• Facilitam a coordenação global em questões ambientais. • Realizam pesquisas e fornecem dados para fundamentar políticas.
Organizações não governamentais	• Monitoram e denunciam questões ambientais. • Advogam por políticas ambientais mais rigorosas. • Desempenham um papel de pressão na conscientização pública.
Empresas e setor privado	• Contribuem para a economia verde e soluções sustentáveis. • Participam de iniciativas voluntárias de responsabilidade social. • Desenvolvem tecnologias limpas e práticas sustentáveis.
Comunidades locais e povos originários	• Têm um interesse profundo na gestão sustentável de recursos. • Protegem, principalmente, modos de vida tradicionais e territórios indígenas.
Cientistas, acadêmicos e comunidades epistêmicas	• Realizam pesquisas para embasar políticas ambientais. • Fornecem conhecimento especializado sobre questões ambientais. • Participam de comitês científicos e consultivos.
Países em desenvolvimento	• Buscam apoio financeiro e tecnológico para enfrentar desafios. • Negociam questões de justiça ambiental e equidade.
Movimentos sociais e opinião pública global	• Exercem pressão por ações ambientais mais fortes. • Defendem questões de políticas ambientais observando interesses coletivos. • Promovem conscientização sobre questões ambientais.
Instituições financeiras internacionais	• Investem em soluções ambientais sustentáveis. • Mobilizam recursos financeiros para projetos verdes.

É importante assinalar a participação de pelo menos dois atores: as ONGs e os movimentos sociais. As ONGs são relevantes na dinâmica da governança ambiental global em razão de sua atuação voltada tanto para o questionamento quanto para a complementação e enriquecimento dos esforços realizados pelos governos e OIs. As ONGs têm ampliado cada vez mais a sua relevância devido à sua atuação na defesa, no monitoramento e impulsionamento de ações globais em prol da sustentabilidade ambiental. Essa relevância se expressa por estratégias de engajamento, dentre as quais destacam-se:

1. Ampliação da base de conhecimento e expertise, considerando que ONGs contam com pessoal especializado em questões ambientais e científicas; conhecimento que é ofertado como contribuição qualificada para informar a tomada de decisão sobre políticas.
2. Pressão aos Estados e às OIGs para maior responsabilidade e transparência, atuando como fiscalizadoras independentes a partir do monitoramento da conformidade de governos e empresas quanto ao cumprimento de acordos e regulamentos ambientais.
3. Reivindicação de espaços e institucionalização de regras que permitam a participação pública na tomada de decisão sobre questões ambientais.
4. Defesa de ações mais ambiciosas e de políticas mais rigorosas voltadas para a proteção ambiental, por meio de redes de *advocacy* e mobilização social.

Em geral, essa forma de atuação se dá pelo engajamento das ONGs em conferências e negociações internacionais, eventos nos quais essas organizações têm participação ativa, além de ações para influenciar governos nacionais e instituições internacionais na formulação de políticas ambientais. Além disso, algumas ONGs realizam campanhas de conscientização voltadas para a sociedade, com o objetivo de oferecer informações e sensibilizar as pessoas por mudanças de comportamento face ao meio ambiente. Essas organizações também se destacam por contribuições mais específicas voltadas para a defesa dos direitos das pessoas e da justiça ambiental, principalmente na atuação em defesa de comunidades afetadas por problemas ambientais.

Quanto aos movimentos sociais, não há dúvida de que exercem papel crucial para avanços na proteção ambiental e promoção de ações de âmbito global, regional e local, visando à sustentabilidade ambiental. Esses movimentos são, em sua grande maioria, compostos por pessoas comprometidas com a causa ambiental, que se engajam em grupos da sociedade civil voltados à temática. Em geral, a atuação desses movimentos se pauta pela conscientização da sociedade, *advocacy* e pressão por mudanças mais fundamentais nas políticas e nas práticas ambientais. Sua relevância para a governança ambiental global se deve a alguns elementos como: a ampliação das vozes de pessoas e organizações da sociedade civil, principalmente de grupos marginalizados que são afetados por danos ambientais diversos; mobilização de pessoas em torno das causas ambientais; atuação na fiscalização da ação dos Estados, governos, empresas e organismos internacionais no nível local, regional e internacional; engajamento nos esforços para o avanço e aprimoramento das políticas ambientais nos diversos níveis. Esses movimentos, atentos à urgência dos temas ambientais, têm forte participação em campanhas internacionais para projetar a necessidade de medidas que protejam o planeta e as sociedades humanas dos efeitos adversos da MGC.

Dois exemplos de movimentos sociais ambientalistas transnacionais são o Friday for Future e o Extinction Rebellion. O Friday for Future foi iniciado pela ativista dinamarquesa Greta Thunberg, que ganhou muito espaço em vários veículos da imprensa internacional. Esse movimento teve início em 2018 e reúne principalmente jovens, tendo como sua principal bandeira a divulgação da necessidade de tomada de ações urgentes contra a MGC. Já o Extinction Rebellion foi organizado também em 2018, no Reino Unido, e utiliza a desobediência civil de natureza não violenta com o objetivo de mobilizar para a crise climática e ecológica. Esse movimento também reúne principalmente jovens e se espalhou muito rapidamente por vários países. Ele promove debates públicos sobre a urgência de ações sobre a questão climática e tem conseguido ampla veiculação de sua atuação.

Tendo em vista esse conjunto de arenas e atores, e já sabendo que a agenda ambiental é muito ampla, pode-se admitir a existência de uma macroestrutura de governança formada pela própria ONU e o PNUMA, mas que se desdobra em diversos organismos e arenas em função de cada temática específica e da manifestação de cada tipo de problema em cada território, o que permite falar de estruturas de governança ambiental global. A rigor, para o estudo dessas estruturas, o ideal é tratá-las separadamente, por meio, por exemplo, de estudos de caso, para uma compreensão mais aprofundada sobre como a governança de cada área temática se encontra organizada.

REGIMES INTERNACIONAIS COMO ESTRUTURAS DE GOVERNANÇA

Os regimes internacionais, cujo conceito foi apresentado no capítulo anterior, quando formalizados são instituídos por meio de tratados, convenções e acordos. O Regime Internacional sobre Mudanças Climáticas (RIMC) é um exemplo de regime formal. Porém, os regimes também podem existir como normas e práticas consuetudinárias, que são aceitas entre os atores em torno de uma temática. Um exemplo de regime não formalizado é a experiência relativa ao direito do mar. Antes da formalização da Convenção das Nações Unidas sobre o Direito do Mar (United Nations Convention on the Law of the Sea, UNCLOS), muitos aspectos desse direito eram observados a partir de costumes e práticas aceitas ao longo do tempo.

Os regimes internacionais abrangem uma grande variedade de questões envolvendo segurança internacional, comércio, meio ambiente, direitos humanos etc. Sua existência proporciona previsibilidade, estabilidade e ordem nas relações internacionais, o que promove melhores condições para a cooperação entre os Estados e outros atores no ambiente global.

Os regimes são, em geral, criados pelos Estados como atores fundamentais das RI. Os Estados constituem regimes na medida em que entendem que tanto a cooperação entre os atores interessados em uma determinada questão no âmbito das relações internacionais como a coordenação política desses atores podem levar a melhores resultados em relação à alternativa da ação unilateral. Mas a criação de regimes internacionais também pode ser resultado de pressões de atores domésticos e/ou internacionais para que determinados problemas sejam abordados no âmbito da política internacional.

Há alguns elementos que são motivadores da criação dos regimes internacionais e são mobilizados como causas que podem explicar a sua constituição. São eles:

1. Cooperação e coordenação – há demanda por cooperação e coordenação, em situações nas quais os países enfrentam problemas cuja solução não é possível de ser obtida unilateralmente. Considerando o grau de interdependência que se observa entre os Estados, as ações de um país podem ter implicações muito importantes para outros. Nesse sentido, os regimes internacionais podem fornecer uma estrutura institucional para que os Estados coordenem suas ações e busquem soluções conjuntas para o problema em questão.
2. Previsibilidade e estabilidade – os regimes internacionais estabelecem normas e regras que orientam o comportamento dos atores, criando, portanto, um ambiente estruturado por normas e regras, o que torna as interações mais previsíveis: os atores podem ter uma ideia mais clara sobre como os demais agirão em determinadas circunstâncias.
3. Legitimidade – os regimes, principalmente os que se ancoram em OIs reconhecidas, podem conferir maior legitimidade às ações dos Estados, porque eles fornecem um meio pelo qual os Estados podem fundamentar suas ações perante seus cidadãos e a comunidade internacional.

4. Resolução de conflitos – em geral, os regimes favorecem a resolução de conflitos entre atores interessados, dado que muitos deles oferecem mecanismos internos voltados a essa finalidade, contribuindo para prevenir o surgimento de conflitos ou mitigar aqueles existentes.

Pode-se tomar como exemplo o RIMC. Sabe-se que as MGC são um problema global, dado que seus efeitos negativos não observam fronteiras nacionais: as emissões de GEE têm implicações para além das fronteiras de um país, afetando as condições do clima global. Para enfrentar esse problema é necessário que haja cooperação internacional. Desse modo, e reconhecendo a natureza global do problema, os Estados criaram o RIMC, a partir da adoção da UNFCCC, instituída durante a CNUMAD, em 1992. O Acordo de Paris é um arranjo formal que integra o RIMC e que instituiu um conjunto de diretrizes para que os países cooperem entre si, estabeleçam metas para a redução de suas emissões de GEE e implementem políticas de adaptação à MC. Espera-se que tal Acordo cumpra seus objetivos, provendo reais condições para que os Estados efetivamente cooperem entre si e ajam tendo em vista evitar os impactos negativos das mudanças climáticas, projetados a partir dos estudos do IPCC.

Os regimes internacionais desempenham algumas funções que são essenciais, com o objetivo maior de prover condições aos Estados para cooperarem para a solução de problemas comuns. Além da previsibilidade e facilitação da cooperação, outras funções são também relevantes: produção, sistematização e difusão de informação; socialização dos Estados e difusão de valores, potencialmente com impactos positivos importantes em diversos aspectos, mas principalmente no reforço da cooperação; facilitação na provisão de bens públicos globais; monitoramento da conformidade dos Estados em relação aos compromissos assumidos por eles.

Considerando meio ambiente como uma grande área temática, são identificados um conjunto bastante amplo de regimes internacionais criados para prover condições de cooperação entre os Estados em torno de questões ambientais específicas.

Quadro 12 – Alguns regimes ambientais internacionais

Nome do Regime	Principais documentos	Ano	Objetivo principal
Regime Internacional sobre Mudanças Climáticas	Convenção-Quadro das Nações Unidas sobre Mudanças Climáticas (UNFCCC)	1992	Abordar questões relacionadas à mudança climática.
	Protocolo de Kyoto	1997	Definir metas vinculativas de redução de emissões para países desenvolvidos.
	Acordo de Paris	2015	Limitar o aquecimento global abaixo de 2ºC considerando os níveis pré-industriais.
Regime para a Conservação da Biodiversidade	Convenção sobre a Diversidade Biológica (CDB)	1992	Conservar a biodiversidade e garantir a repartição justa e equitativa dos benefícios resultantes do uso dos recursos genéticos.
Regime Internacional de Combate à Desertificação	Convenção das Nações Unidas de Combate à Desertificação (UNCCD, na sigla em inglês)	1994	Combater a desertificação e degradação do solo.
Regime para o Controle Transfronteiriço de Resíduos Perigosos e seu Depósito	Convenção de Basileia Sobre o Controle Transfronteiriço de Resíduos Perigosos e seu Depósito	1989	Regular a movimentação transfronteiriça e a disposição de resíduos perigosos.
	Convenção de Roterdã sobre o Procedimento de Prévia Informação e Consentimento para Determinados Produtos Químicos e Pesticidas Perigosos no Comércio Internacional	1998	Promover responsabilidade no comércio internacional de produtos químicos perigosos.
	Convenção de Estocolmo sobre Poluentes Orgânicos Persistentes	2001	Proteger a saúde humana e o meio ambiente contra poluentes orgânicos persistentes.
Regime de Proteção da Camada de Ozônio	Protocolo de Montreal sobre Substâncias que empobrecem a Camada de Ozônio	1987	Proteger a camada de ozônio proibindo/limitando substâncias prejudiciais.
	Convenção de Viena para a Proteção da Camada de Ozônio	1985	Estabelecer um marco para a proteção da camada de ozônio.

Fonte: Elaboração própria com base em https://iea.uoregon.edu/.

Considerando o exposto acima, os regimes ambientais possuem um papel fundamental na governança ambiental global. Como essa governança global supõe instituições, estruturas e mecanismos que favorecem a cooperação e a coordenação, os regimes ambientais contribuem nessa dimensão, proporcionando ambientes institucionalizados nos quais os países podem negociar acordos, tratados, regras etc., visando melhorar o desempenho de suas ações. Vários regimes ambientais possuem estruturas voltadas para o atendimento dessa demanda, como é o caso do IPCC relativamente ao RIMC.

Além disso, muitos regimes ambientais estabelecem mecanismos para monitorar o progresso dos Estados na implementação de compromissos e na verificação de sua conformidade com as regras do Regime. Um exemplo disso são as Contribuições Nacionalmente Determinadas (NDCs), mecanismo que expressa comprometimento dos países com as medidas adotadas pelo RIMC para redução de emissões de GEE. Alguns regimes ambientais possuem mecanismos de financiamento ou meios de provisão de assistência técnica para ajudar Estados-membros, especialmente os países menos desenvolvidos, a cumprir seus compromissos.

Os regimes ambientais são também fundamentais no que se refere à evitação de conflitos ou à resolução daqueles já existentes. Isso porque os regimes fornecem meios de solução de controvérsias, o que permite prevenir o surgimento dos conflitos ou fornecer meios e ambientes mais favoráveis para que os existentes possam ser tratados. Considerando os aspectos da governança multinível, os regimes ambientais têm um papel crucial no impulsionamento dos Estados para a revisão de políticas domésticas, estímulo à institucionalização de políticas ambientais nas mais diversas temáticas, bem como a criação de estruturas organizativas para a sua implementação. Nesse sentido, os regimes ambientais são peças-chave na estrutura mais ampla da governança ambiental, dado que tal estrutura encontra meios reais e mais efetivos para sua inserção na dinâmica política se for incorporada e observada nos mais diversos níveis.

O PAPEL DAS COMUNIDADES EPISTÊMICAS

As comunidades epistêmicas (CE) são um conceito que expressa a existência de redes de especialistas em determinadas áreas do conhecimento com influente papel na formulação de políticas, principalmente políticas públicas, nos diversos níveis de aplicação. Essas comunidades se caracterizam pelo compartilhamento de crenças causais e normativas, validade do conhecimento e valores relacionados à sua área de especialização, de acordo com o entendimento de Peter M. Haas, apresentado em artigo publicado na revista *International Organization*, em 1992.

No entendimento de Haas, as CEs são cada vez mais demandadas em razão da complexidade dos problemas internacionais sobre os quais há necessidade de tomada de decisão, principalmente aqueles que inspiram maior incerteza. Nesses casos, espera-se que essas comunidades possam oferecer conselhos e orientações que permitam uma tomada de decisão mais bem informada. As CEs podem ser encontradas em uma grande variedade de campos, inclusive o do meio ambiente; sua influência pode ser observada em diversas arenas de negociação e sua contribuição geralmente se volta para a formulação de políticas no âmbito doméstico ou internacional.

A formação de uma CE tem várias motivações; uma delas se relaciona à grande complexidade e incerteza relativas a problemas com os quais a Política Internacional deve lidar. Nesse caso, o conhecimento técnico e científico é necessário tanto para o entendimento dos problemas quanto para a elaboração de alternativas para enfrentá-los. Há muitos casos em que o tomador de decisão não possui tal conhecimento, recorrendo a especialistas. O importante é que as CEs oferecem conhecimento, mas também uma forma de validação e legitimação dos processos de formulação de políticas que demandam maior especialização. No que se refere aos regimes ambientais, as CEs desempenham papel importante porque contribuem tanto na identificação e definição do problema objeto do regime quanto na indicação de suas causas prováveis e possíveis soluções.

Quadro 13 – Funções das CE e seu papel na governança ambiental global

Funções das comunidades epistêmicas	Papel na governança ambiental global
Fornecimento de informações científicas	Oferecem dados e análises rigorosas que formam a base do entendimento sobre problemas ambientais.
Definição de agendas	Identificam e priorizam questões emergentes, direcionando a atenção global para novos ou subestimados desafios ambientais.
Desenvolvimento de normas e padrões	Auxiliam na elaboração de padrões internacionais, melhores práticas e diretrizes para lidar com questões ambientais.
Facilitação da cooperação transnacional	Promovem o diálogo e a cooperação entre nações para abordar problemas ambientais que ultrapassam fronteiras nacionais.
Promoção da consciência pública	Disseminam informações de forma acessível, aumentando a conscientização sobre questões ambientais e influenciando a opinião pública.
Validação de políticas e ações	Conferem legitimidade a políticas ou a abordagens por meio de endosso ou recomendação, facilitando sua aceitação e implementação.
Assessoria direta aos tomadores de decisão	Fornecem *insights*, recomendações e conselhos baseados em evidências para formuladores de políticas, facilitando a tomada de decisão.
Monitoramento e avaliação	Realizam avaliações contínuas do progresso em relação a metas ambientais globais, fornecendo *feedback* e ajustes necessários.

Fonte: Elaboração própria a partir de Haas, 1992.

Um exemplo que pode ajudar a compreender a relevância de tais comunidades é o papel que o IPCC possui no âmbito do RIMC. Esse grupo foi criado em 1988, por iniciativa da Organização Meteorológica Mundial (OMM) e do PNUMA. Desde sua fundação, o IPCC já apresentava características de uma CE, pois reuniu especialistas de diversos países que tinham como principal objetivo avaliar o estado do conhecimento científico sobre MGC, seus impactos e potenciais estratégias a serem adotadas para a sua mitigação e também para que os países e as sociedades pudessem se adaptar às variações e alterações climáticas esperadas.

Tendo em vista essas características e o papel das CEs, elas são peças importantes na engrenagem dos mecanismos da governança ambiental global. Essa importância decorre das funções dessas comunidades e do modo como operam as estruturas da governança ambiental global.

SEGURANÇA AMBIENTAL E GOVERNANÇA GLOBAL

A segurança ambiental é um campo de estudo que tem, cada vez mais, catalisado as atenções de pesquisadores no campo da política ambiental. Como conceito, surgiu no início dos anos 1980 e se tornou mais conhecido após o PNUD divulgar, em 1994, o *Human Development Report*. Nesse relatório, o conceito de segurança humana é central e compreende a proteção e o bem-estar das pessoas diante de ameaças e riscos à sua sobrevivência, dignidade e qualidade de vida. Envolve, ainda, as necessidades e as aspirações individuais e coletivas, o que projeta o conceito para além da visão tradicional de segurança, vinculada mais estritamente a ameaças militares.

No relatório citado, a segurança humana inclui as dimensões da segurança econômica, alimentar, da saúde, política, comunitária e ambiental. Desse modo, a segurança ambiental é entendida como um componente importante da segurança humana e se refere à proteção do ambiente natural, tendo em vista garantir a qualidade de vida das pessoas, considerando as gerações atuais e futuras. Expressa, também, a necessidade de assegurar a proteção e a sustentabilidade dos recursos naturais, dos ecossistemas e do meio ambiente em sentido mais amplo, a fim de evitar conflitos, manter a estabilidade e promover o bem-estar humano e o desenvolvimento sustentável. A perspectiva da segurança ambiental ainda enfatiza a necessidade de enfrentar os problemas ambientais que têm potencial para criar ou aprofundar conflitos, provocar deslocamentos humanos e crises humanitárias.

Ao incorporar considerações ambientais em estratégias e políticas de segurança, governos e OIs podem trabalhar em direção a uma abordagem mais holística da segurança, que leva em consideração as interações e interdependências complexas entre as sociedades humanas e o ambiente natural. Ao fazer isso, eles podem ajudar a mitigar riscos e impactos da degradação ambiental, promover a resiliência das sociedades e dos ecossistemas e contribuir para a paz e a estabilidade a longo prazo.

A atenção à segurança ambiental é fundamental para a compreensão e enfrentamento de desafios, incertezas e riscos na governança ambiental.

A proteção de recursos essenciais como água potável, alimentos, ar puro e biodiversidade é objetivo da governança ambiental em diversos níveis, cujos princípios, regras e normas devem garantir que esses recursos estejam disponíveis e sejam acessíveis para todas as pessoas. Nesse sentido, a governança ambiental também visa mitigar tensões e evitar conflitos sobre o acesso e uso dos recursos naturais, promovendo a cooperação e a resolução pacífica de disputas, reduzindo incertezas e provendo melhores condições de adaptação das sociedades humanas. É importante salientar, ainda, o papel das estruturas de governança ambiental quanto à identificação, avaliação e gestão de riscos ambientais diversos, incluindo desastres, poluição tóxica, eventos climáticos extremos. A proteção de recursos naturais essenciais, a adaptação à incerteza e a gestão de riscos ambientais são componentes fundamentais da busca por um mundo mais sustentável e resiliente.

Na observância das condições necessárias à garantia da segurança ambiental, alguns atores são relevantes. Organizações como o PNUMA, a FAO, a OMC e outras, são fundamentais e atuam como facilitadoras da cooperação internacional. Essa atuação se dá, principalmente, por meio do estabelecimento de padrões globais e promoção de acordos multilaterais para o tratamento das questões ambientais globais e transfronteiriças. Além delas, os governos nacionais são muito relevantes, considerando que as políticas ambientais globais se realizam no âmbito dos territórios sob jurisdição dos Estados.

Organizações da sociedade civil não podem faltar nessa lista: elas contribuem de diversas maneiras para a defesa da segurança ambiental: monitorando ações de governos e empresas; promovendo a conscientização pública; contribuindo na difusão de normas internacionais para a proteção ambiental. São importantes atores em redes de *advocacy*, impulsionando a implementação de políticas ambientais em diversos lugares do planeta.

Outro ator importante é o empresariado, em razão de suas atividades econômicas, muitas delas com fortes impactos nas condições do meio ambiente. Esse setor tem grandes responsabilidades para com a segurança ambiental, que demanda a adoção de práticas sustentáveis, redução das emissões de GEE, gestão responsável dos recursos naturais.

Observa-se, ainda, o papel da comunidade científica, por sua atuação no desenvolvimento do conhecimento, na coleta e no tratamento de dados e na realização de pesquisas que informam políticas e práticas sobre questões e problemas ambientais. Finalmente, mas não menos importante, são atores fundamentais nesse campo as comunidades locais, os povos tradicionais e os povos originários. Eles são essenciais para a segurança ambiental, uma vez que são diretamente afetados pelos problemas ambientais. E são atores que podem fazer a diferença ao promover práticas sustentáveis, atuar para a preservação e conservação de recursos naturais locais, além de pressionar por políticas e ações que beneficiem o meio ambiente ao nível local.

É importante destacar, ainda, que a cooperação internacional é uma questão-chave para a governança ambiental global devido à natureza transfronteiriça ou internacional de muitos dos problemas ambientais. A colaboração entre as nações permite a partilha de recursos, conhecimentos e práticas, levando a soluções mais eficazes e eficientes. Também ajuda no alinhamento de políticas e estratégias, garantindo uma resposta global mais coordenada aos desafios ambientais. Essa cooperação é vital para abordar questões ambientais globais, que não podem ser geridas de forma eficaz por nações individuais agindo isoladamente.

É nesse sentido que o próximo capítulo trata a inserção do Brasil nos processos e estruturas da governança global, observando o desenvolvimento de políticas com o objetivo de lidar com os problemas ambientais específicos do país, mas também em resposta e em sintonia com os processos e desenvolvimento institucional que transcorreram no nível internacional.

O Brasil
e a política ambiental

A seca severa que assolou a Amazônia nos últimos meses de 2023 pode ser explicada por um conjunto de fatores. Em geral, os estudiosos concordam que os principais são a combinação do El Niño com os efeitos da MC. Além de grave ameaça às populações locais, projeta-se que o fenômeno terá consequências para a biodiversidade. Há evidências de que o desmatamento contribui para a severidade da seca, pois reduz a capacidade de a floresta regular o clima da região e reter a umidade necessária à sua manutenção, aumentando as queimadas e piorando as condições climáticas locais.

Algumas análises consideram que as hidrelétricas também são um fator de agravamento da seca, sobretudo no rio Madeira. A retenção de águas nos reservatórios e a decomposição de grandes massas de vegetação aumentam a emissão de metano, um dos gases que compõem o grupo dos GEE. Diversos estudos indicam que o desmatamento na Amazônia produz efeitos preocupantes para o Brasil e para a região sul da América do Sul, e que a Floresta Amazônica provavelmente já chegou a seu ponto crítico – o quanto ela suporta em termos dos efeitos negativos que a redução da cobertura vegetal provoca nas condições do próprio bioma.

Além da seca incomum, no final de outubro e início de novembro de 2023, os termômetros indicaram altas temperaturas, consideradas recordes. Agências de meteorologia emitiram alertas de perigo para 15 estados brasileiros e o Distrito Federal. Algumas cidades registraram sensação térmica de 50º C.

Em todo o globo nota-se, mais recentemente, a elevação das temperaturas. Desde 1960 que as temperaturas médias têm aumentado, mas, a partir dos anos 1990, o processo tem se acelerado e se tornado mais severo. As causas do fenômeno também se devem às mudanças globais do clima.

Especialistas alertam para a maior incidência de ondas de calor no Brasil. Para pesquisadores do Instituto Nacional de Pesquisas Espaciais (Inpe), o país já experimenta efeitos da MC. Estudos realizados por esse Instituto, em parceria com o Centro Nacional de Monitoramento e Alerta de Desastres Naturais (Cemaden), indicaram, pela primeira vez, a ocorrência de uma região árida no Brasil. O estudo, disponível no site do Cemaden, cobriu quatro décadas e indica tendência de aumento da aridez em quase todo território brasileiro, agravando as condições climáticas da região Nordeste, na área cujo clima é semiárido, e se ampliando para além dela. A região árida identificada pelo estudo se localiza na divisa entre os estados da Bahia e de Pernambuco.

El Niño

O El Niño é um complexo fenômeno climático de ocorrência periódica com significativa influência no clima global. Ele se caracteriza pelo aquecimento anormal das águas superficiais do Oceano Pacífico, na zona equatorial, próxima à costa da América do Sul. Produz efeitos em larga escala nos padrões climáticos em todo o mundo e provoca grandes alterações nas temperaturas e no regime de chuvas.

Esse fenômeno faz parte de um ciclo natural denominado Oscilação Sul (El Niño-Southern Oscillation, ENSO). Em geral, e em condições normais, os ventos que sopram de leste para oeste, chamados de alísios – ventos constantes e úmidos que ocorrem nas zonas subtropicais, em baixas altitudes –, movem as águas quentes da superfície do Oceano Pacífico em direção à Ásia. Nesse movimento, águas mais frias, que são ricas em nutrientes, emergem do fundo do oceano na região próxima à costa da América do Sul, processo chamado de ressurgência, que é fundamental para a manutenção do ecossistema marinho da região. No El Niño, ocorre um enfraquecimento ou mesmo reversão dos ventos alísios, o que reduz a emersão de águas frias, provocando o deslocamento de águas mais quentes do Pacífico Ocidental para o leste, rumo à América do Sul. Esse movimento resulta no aquecimento das águas superficiais na parte oriental do Pacífico Equatorial.

Esse fenômeno é cíclico, ocorrendo normalmente em um período que varia de dois a sete anos, além da variação em sua intensidade e duração. Portanto, alguns episódios podem ser muito fortes e com impactos dramáticos, enquanto outros podem ser mais brandos ou imperceptíveis.

Em contraponto ao El Niño, o fenômeno oposto, conhecido como La Niña, caracteriza-se por temperaturas mais frias nas águas do Pacífico Equatorial e, em geral, traz condições climáticas contrastantes às do El Niño: temperaturas mais baixas e chuvas mais intensas.

Mesmo sendo um fenômeno natural, o El Niño provoca preocupações sobre como as mudanças do clima podem influenciar em sua frequência e intensidade. Estudos sugerem que o aumento das temperaturas da Terra pode tornar o evento do El Niño mais severo e mais frequente, com implicações para os padrões climáticos globais, bem como para a gestão de desastres e dos recursos de água doce.

Fonte: Elaborado pela autora com base em https://www.noaa.gov/ e https://public.wmo.int/en.

Os desafios de lidar com tais fenômenos se apresentam para o Brasil e para todo o Globo, conforme já mostrado nos capítulos anteriores. Porém, o Brasil possui uma posição singular no contexto ambiental global. Sabe-se que o país é o primeiro na lista dos 18 com maior biodiversidade, abrigando cerca de 116 mil espécies de animais e aproximadamente 46 mil espécies vegetais, que vivem nos 6 biomas terrestres e nos 3 ecossistemas marinhos, representando cerca de 20% de todas as espécies existentes no planeta.

Quadro 14 – Algumas das extraordinárias riquezas ambientais do Brasil

Alguns dos biomas e sua biodiversidade	A Amazônia é bioma com a maior floresta tropical do mundo; estende-se por aproximadamente 4,1 milhões de quilômetros quadrados dentro das fronteiras brasileiras. É conhecida como *hotspot* de biodiversidade e desempenha papel fundamental na regulação do clima global e do ciclo de carbono.
	A Mata Atlântica é um dos biomas mais ricos em biodiversidade, mas um dos mais ameaçados. Ela sofre fortemente com o desmatamento, mas ainda abriga uma grande diversidade de espécies, várias delas ameaçadas de extinção.
	O Cerrado, bioma conhecido como a savana brasileira, é riquíssimo em biodiversidade, sobretudo da flora.
	O Pantanal, maior pântano tropical do mundo, abriga valiosa e impressionante diversidade de vida aquática e terrestre.
	A fauna e a flora brasileiras se destacam pela diversidade e pelo fato de que no território brasileiro encontram-se muitas espécies endêmicas – mamíferos, aves, répteis, anfíbios e insetos que não são encontrados em nenhum outro lugar do planeta.
Águas doces	O Brasil possui cerca de 12% de toda a água doce disponível no planeta, abrigando as maiores reservas do mundo, com o maior sistema fluvial, que é o rio Amazonas. Essa vasta quantidade de recursos hídricos engloba águas superficiais e aquíferos. O sistema fluvial brasileiro é muito extenso e diversificado e esses recursos são fundamentais para atender às diversas necessidades humanas e para a manutenção da biodiversidade e dos ecossistemas do país.
Recursos minerais	O país possui diversos recursos minerais, dentre eles alguns de grande relevância econômica, inclusive minerais que são componentes importantes para o impulsionamento de tecnologias de suporte à transição energética, como é o caso do lítio, nióbio, grafita, entre outros. Dentre esses recursos salienta-se a presença do mineral denominado "terras raras", um grupo de 17 elementos químicos essenciais para a produção de vários dispositivos de alta tecnologia (turbinas eólicas, veículos elétricos, telefones celulares etc.). O Brasil possui uma das maiores reservas do mundo, ainda não explorada.
Zonas costeiras	Extensas zonas costeiras e marítimas do Brasil abrigam ecossistemas únicos, como recifes de coral, manguezais e praias.

Fonte: Elaborado pela autora com base em www.icmbio.gov.br. e https://www.gov.br/ana/pt-br.

Essas riquezas são vitais para a manutenção dos ecossistemas locais, para o equilíbrio de todo o planeta, e são importantes para o país do ponto de vista cultural, social e econômico. É fundamental que esse patrimônio seja preservado e gerido adequadamente. O Brasil é o lar de uma grande quantidade de espécies e o lugar onde tantos recursos podem ser encontrados. O país é também um ator fundamental nos processos de tomada de decisão nas arenas e estruturas da governança ambiental global e esse papel decorre do tamanho do país, da exuberância de suas riquezas e de sua megadiversidade. A importância do Brasil transcende suas fronteiras. Participar da dinâmica da política ambiental global, ser parte dela e se comprometer com ela é um direito e um dever do Brasil.

Tendo isso em vista, este capítulo apresenta um breve histórico da política ambiental brasileira e a atuação do país na construção da Política Ambiental Global. Para isso, ele está organizado em três seções: a primeira trata das raízes da política ambiental brasileira, a segunda discute as bases de sua consolidação e a terceira apresenta aspectos da atual conjuntura e de seus desafios.

RAÍZES DA POLÍTICA AMBIENTAL BRASILEIRA: DINÂMICA DOMÉSTICA E PARTICIPAÇÃO INTERNACIONAL

Esta seção analisa as origens e a evolução da política ambiental brasileira, explorando como fatores domésticos e a crescente participação do país em fóruns internacionais moldaram a sua política ambiental. O texto apresenta um panorama das influências internas e externas que contribuíram para o desenvolvimento das políticas ambientais brasileiras.

Anos 1970

Em plena Floresta Amazônica, nos idos de 1970, o governo do general Emílio Garrastazu Médici decidiu abrir uma faixa na mata para a construção de uma gigantesca rodovia: a Transamazônica. O Plano de Integração Nacional (PIN), lançado como uma espécie de salvação do país, objetivava promover o desenvolvimento econômico e a integração territorial do

Brasil, além de aliviar conflitos em razão da grande seca que assolou a região Nordeste naquele período. Um dos pilares do PIN era a rodovia Transamazônica, BR-230, cujo traçado projetava ligar o Nordeste ao extremo oeste do país. À guisa da integração, o propósito era fomentar o desenvolvimento econômico e promover a ocupação do território. A rodovia foi inaugurada em 1972, mesmo ano da realização da primeira grande conferência ambiental internacional, a CNUMAH.

Datam da mesma época os primeiros passos do Brasil rumo à formulação de sua política ambiental, pressionada por movimentos ambientalistas e pela crescente preocupação com os impactos do desenvolvimento econômico sobre o meio ambiente e sobre os recursos naturais do planeta. Nesse sentido, a política ambiental brasileira nasceu e se desenvolveu no cruzamento entre uma forte pressão internacional por maior conscientização e conservação ambiental e os objetivos domésticos relacionados ao crescimento e ao desenvolvimento econômico, dos quais a preocupação ambiental encontrava-se ausente. Nesse contexto, o governo criou a Secretaria Especial de Meio Ambiente (Sema), por meio do Decreto nº 73.030, de 30/10/1973, vinculada ao Ministério do Interior e diretamente subordinada ao ministro.

O objetivo da Sema era a conservação do meio ambiente e a promoção do uso racional dos recursos naturais, de acordo com os termos do referido Decreto. Ela foi encarregada de várias funções: acompanhar mudanças ambientais; assistir a órgãos e entidades responsáveis pela conservação do meio ambiente; elaborar e estabelecer normas e padrões ambientais, colaborar com a fiscalização. O Decreto ainda aludia à promoção, pela Secretaria, de formação e treinamento de especialistas em meio ambiente, além de atuar na recuperação de recursos naturais degradados, cooperar na preservação de espécies ameaçadas e manter atualizada uma relação de agentes poluidores. O texto do Decreto incluía a promoção da educação ambiental.

Essa iniciativa foi uma resposta a constrangimentos internacionais, muitos deles vindos da maior atenção internacional à região amazônica. Importa ressaltar que a Amazônia ocupa aproximadamente 50% do território brasileiro; além disso, cerca de 60% do território ocupado pelo bioma amazônico encontra-se no Brasil. Os 40% restantes são distribuídos entre Peru, com 13%, Colômbia, com 10%, e os demais países amazônicos, juntos, com 17%. Portanto, maiores constrangimentos para a preservação da Amazônia recaem sobre o Brasil.

Mesmo com as pressões de atores internacionais, e apesar das atribuições da Sema relativamente à proteção ambiental, as políticas de desenvolvimento do governo brasileiro à época, principalmente voltadas para a integração nacional, pautaram-se pelo avanço da fronteira agrícola, da exploração madeireira e do impulsionamento de grandes projetos de infraestrutura. Essas ações provocaram altos custos ambientais e sociais, como um extensivo desmatamento e perturbações no ecossistema amazônico, além de forte impacto aos povos originários e tradicionais, não raro levando a conflitos pela terra e a violações dos direitos dessas populações.

No que se refere à questão ambiental, a Amazônia foi considerada um importante ecossistema, fundamental para o Brasil e para a saúde ambiental global devido à sua biodiversidade e a seu papel na regulação do clima global. Nesse sentido, organizações ambientalistas internacionais e governos estrangeiros, assim como a ONU, expressaram preocupações quanto aos impactos reais e potenciais das políticas implementadas pelo governo brasileiro na região, o que a colocou no centro das atenções internacionais, às vezes resultando em tensões diplomáticas em razão da defesa da soberania nacional sobre esse território.

Nesse mesmo período, o Brasil participou da CNUMAH, em Estocolmo. A participação do país foi notável e expressou a complexidade das questões relativas ao desenvolvimento e às preocupações mais candentes à época acerca do meio ambiente. A estratégia adotada pela delegação brasileira, liderada pelo chanceler Gibson Barbosa, envolveu uma posição entre defensiva e assertiva nos debates ocorridos.

Preocupada em garantir que medidas de proteção ambiental não se tornassem obstáculos ao desenvolvimento econômico do país, a delegação brasileira ressaltou a necessidade de se ponderarem as diferenças entre os países relativamente aos seus estágios de desenvolvimento. Em geral, o argumento da delegação brasileira era que os países desenvolvidos e os em desenvolvimento não deveriam ser obrigados a adotar os mesmos padrões ambientais. Essa linha de argumentação envolvia a preocupação com a soberania nacional sobre os recursos naturais e a liberdade dos países para escolherem seu caminho para o desenvolvimento.

A participação brasileira teve implicações importantes. Internamente, ela impulsionou a discussão sobre questões ambientais e o aumento da preocupação com o problema, em parte acatada pela criação da Sema. Internacionalmente, o posicionamento do Brasil contribuiu para estimular a discussão sobre o DS, que viria a influenciar profundamente os debates posteriores sobre o tema.

Nessa década, e ainda repercutindo as negociações realizadas em Estocolmo, o governo brasileiro tomou algumas medidas na área ambiental, além da criação da Sema. Em meados dos anos 1970, houve o lançamento do Programa Nacional de Controle da Poluição Industrial (Pronacop), um dos primeiros esforços mais sistemáticos do país para enfrentar o problema da poluição e suas consequências. Esse programa buscava reduzir impactos negativos da atividade industrial no meio ambiente, incluindo, basicamente, o controle da poluição do ar e da água e o gerenciamento de resíduos industriais. Ele adotava estratégias como a regulação para emissões industriais de poluentes nocivos, monitoramento dos níveis de poluição em áreas industriais, programas de sensibilização do setor industrial e do público em geral sobre a importância do controle da poluição. Observou-se, à época, grande resistência do setor industrial a regulamentações mais rigorosas, além da limitação de recursos orçamentários para a implementação das políticas e medidas adotadas.

Quadro 15 – Ações do governo federal voltadas para a questão ambiental – 1970/1980

Ano	Ações	Descrição
1973	Criação da Secretaria Especial do Meio Ambiente (Sema)	Órgão autônomo vinculado ao Ministério do Interior, para atuar na conservação do meio ambiente e no uso racional dos recursos naturais. Essa Secretaria foi posteriormente extinta, com a criação do Ministério do Meio Ambiente em 1992.
Anos 1970	Programa Nacional de Controle da Poluição Industrial (Pronacop)	Objetivo: controlar a poluição industrial, principalmente emissões nocivas ao ar e à água.
1981	Lei da Política Nacional do Meio Ambiente (Lei nº 6.938)	Introduziu a Política Nacional do Meio Ambiente (PNMA), estabelecendo um marco regulatório para a conservação ambiental, incluindo a criação do Sistema Nacional do Meio Ambiente (SISNAMA) e do Conselho Nacional do Meio Ambiente (CONAMA).
Anos 1970-1980	Expansão das áreas protegidas	Aumento significativo no número de unidades de conservação, como parques nacionais e reservas biológicas, para preservar a biodiversidade e os ecossistemas.
	Políticas de desenvolvimento regional (Ex: Polamazônia, Polonoroeste)	Políticas focadas em desenvolvimento e que incluíam componentes ambientais. Contudo, sofreram várias críticas por estimular o desmatamento e a degradação ambiental.
	Participação em convenções internacionais	O Brasil começou a participar de convenções internacionais, tais como a Convenção sobre o Comércio Internacional de Espécies da Fauna e Flora Selvagens em Perigo de Extinção (Cites, na sigla em inglês); a Convenção Internacional para Prevenção da Poluição por Navios (Marpol, na sigla em inglês), 1973 (ratificada pelo Brasil em 1981); participação ativa no PNUMA, criado durante a Conferência de Estocolmo, 1972.

É importante situar, em linhas gerais, os principais atores envolvidos na dinâmica da construção da política ambiental brasileira nos anos 1970, dado que diferentes agentes, portando interesses diversos, atuaram nesse processo, moldando a agenda ambiental do Brasil. Sem dúvida, um dos protagonistas desse processo foi o governo militar. Como já dito, a promoção do desenvolvimento econômico estava no centro das preocupações do governo, objetivando a integração nacional. Esse interesse orientou sua atuação nesse período, suplantando, em várias situações, a perspectiva da conservação ambiental. Como vimos, pressionado por uma crescente conscientização global relativamente à questão ambiental, o governo militar criou a Sema, em 1973, e institucionalizou a Política Nacional do Meio Ambiente (PNMA), em 1981.

No que diz respeito à política externa, o Brasil teve importante participação na CNUMAH, em 1972. Na ocasião, o país defendeu a soberania nacional sobre seus recursos naturais e se posicionou contra o que se entendia como tentativa dos países desenvolvidos de impor restrições ao desenvolvimento dos demais. Apesar dessa postura defensiva, o Brasil se engajou em fóruns multilaterais para discussão de temas ambientais, o que expressa reconhecimento da relevância dessa temática e também do papel que o país poderia desempenhar, considerando suas riquezas naturais.

Outro ator relevante nesse processo foram as empresas e o setor industrial, principalmente empresas dos setores de mineração, agropecuária e de produção de energia. O interesse desses agentes era a maximização dos ganhos e o estímulo ao próprio crescimento, sem considerar os impactos ambientais de suas atividades que eram, não raro, predatórias e degradadoras das condições ambientais. Em geral, esses agentes foram o motor do aumento do desmatamento e degradação de ecossistemas, principalmente na Amazônia, atuando fortemente no avanço da fronteira agrícola e na expansão da atividade industrial e da mineração. Além do desmatamento, o aumento da poluição do ar e da água provocado pelas atividades industriais também foi um problema ambiental importante no período. Desse modo, esses setores contribuíram mais para a produção do mal coletivo com praticamente nenhum aporte de cooperação para o provimento do bem público quanto às condições do meio ambiente. Considerando a ausência de leis e regras específicas, e levando em conta que a prioridade do governo federal era o desenvolvimento econômico, esses setores atuaram para impedir avanços na regulação ambiental.

Nesse período, o movimento ambientalista brasileiro encontrava-se ainda em processo de constituição. As restrições impostas pela ditadura militar aumentavam as dificuldades para maior articulação, ainda que esse movimento fosse impulsionado pela conscientização sobre as questões ambientais. O movimento ambientalista à época era composto por algumas organizações da sociedade civil, a exemplo da Sociedade de Defesa do Meio Ambiente (Sodema), por alguns movimentos sociais urbanos e ativistas individuais. Ele foi muito relevante na defesa do meio ambiente e de interesses coletivos relativamente a essa agenda, desafiando o modelo de desenvolvimento predatório e pressionando por medidas para a proteção do meio ambiente.

Alguns setores da grande imprensa nacional prestaram relevante contribuição na conscientização da opinião pública sobre as questões ambientais. Várias reportagens denunciaram a degradação ambiental nas cidades e em regiões interioranas, sobretudo na Amazônia. Apesar disso, a política de integração nacional do governo militar ganhou grande repercussão em setores da imprensa, que veicularam reportagens de interesse direto do governo, expressando a concepção prevalecente sobre desenvolvimento e integração nacional e que colocava a questão ambiental como obstáculo a esse propósito. Esse quadro evidencia opiniões divergentes quanto às políticas governamentais e mostra o papel da mídia na formação da opinião pública. É importante lembrar que havia censura prévia aos veículos de imprensa, com óbvio cerceamento da liberdade de opinião e de expressão.

É importante também anotar a presença e participação de cientistas e de parte da comunidade acadêmica na produção e veiculação de conhecimentos sobre o meio ambiente, inclusive sobre os biomas brasileiros. Esses agentes foram muito relevantes para a fundamentação da necessidade de políticas de conservação e proteção ambiental, além da proposição de soluções para problemas ambientais.

Cumpre, ademais, assinalar as comunidades locais, os povos tradicionais e os povos originários, que foram forte e profundamente afetados pelas políticas de desenvolvimento empreendidas pelo governo militar e pelos grandes impactos ambientais provocados por elas. A expansão da fronteira agrícola, das atividades de mineração e a construção de grandes obras de infraestrutura colocaram em grave risco a sua sobrevivência, a posse de seus territórios e a preservação de sua cultura e de seus modos de vida, cuja defesa era o foco de sua atuação. Os interesses desses povos e comunidades foram completamente alijados da tomada de decisão quanto às políticas de desenvolvimento. As condições de agência desses atores estiveram bastante constrangidas por imposições do governo ditatorial e por restrições diversas, inclusive de acesso a recursos que possibilitassem viabilizar a vocalização de suas preferências, seus valores e entendimentos acerca da relação do ser humano com a natureza. Esses seriam alguns dos desafios a serem enfrentados no futuro próximo.

Anos 1980

Década de grandes mudanças no Brasil, os anos 1980 foram, em geral, um período de dificuldades econômicas, mas, ao mesmo tempo, de forte dinâmica social e política, com mobilizações e avanços rumo à democratização do país. Foi uma década cujas transformações moldaram o Brasil contemporâneo. Esses anos são o marco da transição política impulsionada por mobilizações sociais importantes, como a campanha por eleições diretas, conhecida como "Diretas já", e que culminou na eleição, ainda indireta, de Tancredo Neves para presidente da República, em 1985. Tancredo, porém, faleceu antes de tomar posse, sendo substituído pelo vice, José Sarney. O novo governo deu continuidade à transição, implementando reformas políticas de cunho democrático e que levaram à elaboração e promulgação da Constituição Federal de 1988 (CF/1988), marco histórico de retorno da democracia no Brasil.

Os desafios da década também se expressaram no campo econômico. O Brasil enfrentou uma grave crise econômica, considerada por muitos como a pior da história do país. Foi um período marcado pela inflação galopante, crescente dívida externa e estagnação econômica. Vários planos foram adotados com o objetivo de estabilizar a economia e controlar a inflação, com resultados limitados. Intimamente relacionados a essa crise, os problemas sociais, permaneceram um grande desafio, com a persistência da pobreza e do desemprego. A migração rural-urbana, que crescia fortemente desde o início dos anos 1970, manteve-se durante os anos 1980, agravando problemas sociais, como a falta de moradia, a precarização das condições de vida, a falta de saneamento e de acesso à energia, dentre outros. Por outro lado, essas mesmas condições impulsionaram movimentos sociais e movimentos pró-democracia, que contribuíram para avanços na conquista por direitos políticos e sociais.

É nesse contexto que se observam passos importantes dados pelo Brasil rumo à construção das estruturas político-institucionais necessárias à efetiva implementação da PNMA. Essa década foi crucial para a formação do arcabouço legal dessa política, com avanços na sua construção, dinâmica bastante sintonizada com a maior conscientização da população acerca da preservação do meio ambiente. Um marco fundamental nesse processo foi a promulgação da Lei Nacional do Meio ambiente, Lei nº 6.938, de 31 de agosto de 1981, que instituiu os fundamentos da PNMA, além de criar algumas estruturas para a sua gestão, principalmente o Sistema Nacional do Meio Ambiente (SISNAMA) e o Conselho Nacional do Meio Ambiente (Conama). Essa lei tem passado por diversas modificações ao longo do tempo, mas continua em vigor.

Quadro 16 – Síntese da Lei nº 6938/1981
(com atualizações posteriores) – Institui a PNMA

Aspecto	Descrição
Objetivos	• Preservar e restaurar os processos ecológicos essenciais. • Promover o manejo ecológico das espécies e ecossistemas. • Controlar a produção, comercialização e uso de técnicas, métodos ou substâncias que comportem risco para a vida e o meio ambiente. • Promover a educação ambiental.
Definições	• Estabelece a definição, para o entendimento comum, de termos centrais: meio ambiente, degradação da qualidade ambiental, poluição, poluidor, recursos ambientais.
Instrumentos	• Avaliação de impacto ambiental. • Licenciamento e revisão de atividades efetiva ou potencialmente poluidoras. • Criação de zonas ambientais e de áreas especialmente protegidas. • Criação do Sistema Nacional de Informações sobre o Meio Ambiente e do Cadastro Técnico Federal de Atividades e Instrumentos de Defesa Ambiental.
Sistema Nacional do Meio Ambiente (SISNAMA)	• Estrutura o SISNAMA, composto pelos seguintes órgãos: Conselho de Governo – órgão superior; Conama – órgão consultivo e deliberativo; Sema – órgão central (substituído pelo Ministério do Meio Ambiente a partir de sua criação em 1992; Ibama (Instituto Brasileiro do Meio Ambiente e dos Recursos Naturais Renováveis, criado em 1989) e ICMBio (Instituto Chico Mendes de Conservação da Biodiversidade, criado em 2007) – órgãos executores; órgãos e entidades estaduais de meio ambiente – órgãos seccionais; órgãos municipais responsáveis pela política ambiental – órgãos locais.
Conselho Nacional do Meio Ambiente (Conama)	• Cria o Conama, de caráter consultivo e deliberativo, órgão responsável por estabelecer normas e critérios para o licenciamento de atividades potencialmente poluidoras, entre outras funções.
Penalidades	• Estabelece penalidades para infrações ambientais, incluindo multas, suspensão de licença ou interdição de estabelecimento.

Fonte: Elaborado pela autora a partir da Lei nº 6.938, de 31 de agosto de 1981.

Além da promulgação da Lei nº 6.938/1981, nessa mesma década registra-se a expansão das unidades de conservação, incluindo a criação de parques nacionais a exemplo do Parque da Chapada dos Veadeiros, localizado no estado de Goiás, criado em 1981, importante para a preservação do bioma Cerrado, e do Parque Nacional do Jaú, localizado no estado do

Amazonas, criado em 1980, importante para a conservação da biodiversidade amazônica. Além disso, foram adotadas várias normas e diretrizes para controle da poluição, principalmente a emitida por veículos automotores e pela indústria.

A criação do Conama foi muito importante para os avanços na estruturação da PNMA. Haja vista a Resolução nº 001/1986, que, em atendimento à Lei nº 6.938/1981, estabeleceu critérios e diretrizes para a realização dos Estudos de Impacto Ambiental (EIA), processo que integra a Avaliação de Impacto Ambiental (AIA), e do Relatório de Impacto Ambiental (Rima), peças fundamentais para o licenciamento de projetos com potencial para poluir ou degradar o meio ambiente.

Quadro 17 – Componentes do EIA, AIA e Rima

Componente	Descrição	Processos e procedimentos
AIA (Avaliação de Impacto Ambiental)	Abrangente; avalia os impactos potenciais ao meio ambiente e à saúde humana de projetos de desenvolvimento.	• Identificação de todas as atividades potencialmente impactantes. • Consideração de alternativas. • Envolvimento das partes interessadas e do público. • Avaliação dos impactos cumulativos. • Revisão e monitoramento contínuo.
EIA (Estudo de Impacto Ambiental)	É parte integrante da Avaliação de Impacto Ambiental, porém mais específico – processo focado em um projeto particular. Inclui coleta detalhada de dados e análise técnica de impactos potenciais.	• Descrição detalhada do projeto. • Levantamento de dados ambientais existentes. • Previsão e avaliação dos impactos diretos e indiretos. • Desenvolvimento de medidas de mitigação. • Elaboração de um plano de monitoramento.
Rima (Relatório de Impacto Ambiental)	É o documento que reúne e resume os resultados do EIA de forma acessível ao público.	• Apresentação clara e objetiva das conclusões do EIA. • Detalhamento das consequências ambientais do projeto. • Descrição das medidas mitigadoras propostas. • Facilitação do entendimento público sobre os impactos do projeto.

Fonte: Elaboração própria com base em: Lei nº 6.938/1981; Resoluções do Conama nº 001/1986 e nº 237/1997.

Além de avanços na estruturação da PNMA, o Brasil inaugurou presença mais constante e proativa nas discussões e negociações de tratados e acordos ambientais internacionais. Nesse período, a Comissão Mundial sobre Meio Ambiente e Desenvolvimento foi estabelecida pela AGONU em 1983. Presidida pela ex-primeira-ministra da Noruega, Gro Harlem Brundtland, a Comissão publicou o Relatório Nosso Futuro Comum, em 1987. É importante, ainda, situar a participação do Brasil em duas convenções ambientais internacionais relevantes e que resultaram em dois tratados de grande valor para a preservação ambiental: o Protocolo de Montreal e a Convenção da Basileia.

O Protocolo de Montreal, firmado em 1987, tem como objetivo proteger a camada de ozônio, por meio da redução e da progressiva eliminação da produção e do consumo de substâncias que a destroem, o chamado grupo dos CFCs. A atuação do Brasil durante os processos de negociação se pautou por: reconhecimento da relevância internacional do problema; defesa dos interesses dos países em desenvolvimento, em razão de sua realidade econômica e grau de desenvolvimento tecnológico, e que demandava prazos maiores para adaptação, além de assistência técnica e financeira, tendo em vista a adoção de alternativas seguras.

O Brasil expressou seu compromisso com a implementação do Protocolo, cuja internalização demandou adoção de legislação voltada para a redução dos CFCs, atuando também para a conscientização pública sobre a importância de se proteger a camada de ozônio. Essa regulação se deu pelo Decreto nº 99.280, de 6 de junho de 1990, que ratificou o Protocolo de Montreal e estabeleceu as obrigações do Brasil quanto ao compromisso com os seus objetivos, e a Resolução nº 267/2000, do Conama, que proibiu concessões de licenças para importação e produção de substâncias nocivas à camada de ozônio. Nesse sentido, o país se posicionou favorável ao Protocolo e se comprometeu a cooperar quanto à sua implementação.

No que diz respeito à Convenção de Basileia sobre o Controle de Movimentos Transfronteiriços de Resíduos Perigosos e sua Eliminação, de 1989, a participação do Brasil também foi crucial, pela sua condição de país em desenvolvimento. A Convenção foi ratificada pelo Brasil por meio do Decreto nº 875, de 19 de julho de 1993. Ela objetiva reduzir os movimentos de resíduos perigosos entre os países, além de prevenir a sua transferência de países desenvolvidos para países em desenvolvimento. Visa, portanto, proteger a saúde humana e evitar impactos ambientais que podem ser provocados por tais resíduos. Nesse sentido, tornava-se fundamental resguardar os interesses dos países em desenvolvimento, o que pautou a atuação do Brasil.

O Brasil também defendeu a observância do princípio do consentimento prévio e informado, pelo qual se poderia proibir que um país recebesse resíduos perigosos sem expresso consentimento, e ainda transparência e responsabilidade nas transações de resíduos perigosos e a responsabilização de envolvidos em eventuais práticas inadequadas de manejo e descarte. Sobre esse tema, é importante lembrar que dois anos antes da Convenção da Basileia o Brasil foi palco de um dos mais graves incidentes de contaminação radioativa em ambiente urbano, o acidente com o Césio-137, ocorrido na cidade de Goiânia, que destacou a premente necessidade de gestão e disposição adequada de resíduos perigosos, inclusive de materiais radioativos.

Finalmente, para a década de 1980, importa contextualizar a Constituição da República Federativa do Brasil, de 1988 (CF/1988), que marcou um grande avanço na PNMA, colocando o Brasil como um dos pioneiros a incorporar a questão ambiental em sua Carta Magna. A Carta consolidou o meio ambiente como um direito fundamental, além de estabelecer princípios e regras para a proteção e gestão ambiental. Ela é a base para o desenvolvimento posterior da legislação ambiental brasileira, que aprofundou as regras já existentes e preencheu algumas lacunas. Desse modo, a CF/1988, no Título VIII – Da Ordem Social, em seu Capítulo VI – Do Meio Ambiente, traz o artigo 225, que trata exclusivamente da questão ambiental.

Quadro 18 – Síntese do artigo 225 da CF/1988

Aspecto	Descrição e provisões do artigo 225
Direito fundamental	Caput do Art. 225: "Todos têm direito ao meio ambiente ecologicamente equilibrado, bem de uso comum do povo e essencial à sadia qualidade de vida, impondo-se ao Poder Público e à coletividade o dever de defendê-lo e preservá-lo para as presentes e futuras gerações".
Preservação e recuperação	O poder público deve preservar e restaurar os processos ecológicos essenciais, promover o manejo ecológico das espécies e dos ecossistemas, controlar a produção e o uso de técnicas, substâncias e atividades que comportem risco para a vida ou o meio ambiente (§ 1º).
Proteção da fauna e flora	Proíbe práticas que coloquem em risco a função ecológica da fauna e da flora, causem extinção de espécies ou submetam animais à crueldade (§ 1º Inciso VII).
Áreas protegidas e patrimônio nacional	Assegura a criação de espaços territoriais protegidos por lei, incluindo a propriedade privada, quando necessário para a conservação ambiental. (Relativo ao § 1º, incisos I, II, III e VII; regulamentado pela Lei nº 9.985, de 18 de julho de 2000). Define a Floresta Amazônica brasileira, a Mata Atlântica, a Serra do Mar, o Pantanal Mato-Grossense e a Zona Costeira como patrimônio nacional (§ 4º, regulamentado pela Lei nº 13.123, de 20 de maio de 2015)
Responsabilidade por danos	Afirma que aqueles que exploram recursos minerais ficam obrigados a recuperar o meio ambiente degradado, de acordo com solução técnica exigida pelo órgão público. As condutas e atividades lesivas ao meio ambiente sujeitarão os responsáveis a sanções penais e administrativas (§ 2º e 3º da CF/1988).
Exigência de EIA, Rima	Exigido para instalação de obra ou atividade potencialmente causadora de significativa degradação do meio ambiente (§ 1º, inciso IV, regulamentado pela Lei nº 11.105, de 24 de março de 2005).
Educação ambiental e cultura ecológica	Promove a educação ambiental em todos os níveis de ensino e a conscientização pública para a preservação do meio ambiente (§ 1º, Inciso VI)

Fonte: Elaborado pela autora a partir da Constituição Federal de 1988.

Como se depreende, a década de 1980 foi significativa nos processos da política ambiental tanto no nível doméstico quanto internacional. No Brasil, em um período marcado pela transição democrática, vários agentes desempenharam papel fundamental. O governo brasileiro permitiu uma pequena abertura para a recepção das políticas ambientais, que se ampliaram durante essa década e depois. Os interesses voltados ao desenvolvimento econômico permaneceram, mas gradativamente foi se ampliando a percepção sobre a relevância de se instituir uma política ambiental mais robusta e articulada ao desenvolvimento. Essa reorientação foi motivada por pressões de outros atores domésticos e internacionais. Os interesses de empresas e do setor industrial também permaneceram. Porém, como as políticas de proteção ambiental se desenvolveram, esses agentes foram instados a incorporá-las e a criar condições para se adaptarem às novas regulações, embora esse processo seja lento e muitas vezes não aceito por tais agentes.

No âmbito da sociedade civil, sua organização se fortaleceu, inclusive pelo surgimento de novos atores; as ONGs ambientalistas se estruturaram e atuaram a favor da ampliação da política ambiental e da implementação das regulações já existentes. As ações desses setores foram importantes para sensibilizar a opinião pública. Da mesma forma, pesquisadores individualmente, instituições de pesquisa e parte da comunidade acadêmica continuaram e aprimoraram seu trabalho de pesquisa e produção científica voltadas para temáticas ambientais. A atuação de setores da mídia teve grande relevância na disseminação de informações sobre questões ambientais, com impactos na formação da opinião pública. Embora alguns ganhos tivessem sido obtidos por parte dos povos originários, comunidades locais e povos tradicionais, as ameaças às suas condições de vida, de seus valores e visões de mundo persistiram.

Certamente, esses avanços na PNMA não ocorreram sem conflitos, que se expressaram por meio dos debates no âmbito do Poder Legislativo acerca dos interesses relativamente aos recursos naturais, seus usos, regras de apropriação e aproveitamento econômico, mas também relacionados ao entendimento do lugar da política ambiental na organização da política brasileira. Esses conflitos muitas vezes desencadearam ações violentas contra lideranças populares, como foi o caso do assassinato de Chico Mendes. Líder do movimento dos seringueiros nos idos dos anos 1980, Francisco Alves Mendes Filho se tornou mundialmente conhecido por sua atuação em defesa da Amazônia. Ele foi morto em 22 de dezembro de 1988, fato que atraiu a atenção internacional para o Brasil, para a violência no campo e para a luta que aqui se travava em prol da Amazônia e dos direitos das comunidades locais.

A CF/1988 foi um avanço importante na consolidação da PNMA, na definição de direitos e obrigações mais gerais sobre a matéria e na indicação dos fundamentos para as regulações posteriores sobre temas ambientais. O final dessa década expressa toda a complexidade desses processos, com o sangue de Chico Mendes, maior visibilidade do Brasil, maior comprometimento do país, mesmo em face das discordâncias internas, e na soleira dos preparativos para a Eco-92.

CONSOLIDAÇÃO

Estabelecidas as bases para um desenvolvimento mais pleno da PNMA, inclusive as constitucionais, o Brasil fortaleceu suas instituições democráticas e avançou no sentido de ampliar seu arcabouço político-institucional para enfrentar os desafios de uma governança ambiental mais efetiva. A última década do século XX foi marcada por eventos cruciais para a governança ambiental tanto no Brasil quanto internacionalmente.

No apagar das luzes do século XX: principais eventos da Política Ambiental

1990 – Criação do Estatuto da Cidade no Brasil – Lei nº 10.257, de 10 de julho de 2001 – Regulamenta os artigos 182 e 183 da CF/1988 e estabelece diretrizes para a política urbana.

1992 – Realização da CNUMAD, Rio de Janeiro, de 3 a 14 de junho de 1992.

Nessa mesma Conferência: assinatura da Convenção sobre Diversidade Biológica e da Convenção-Quadro das Nações Unidas sobre as Mudanças do Clima. Além dessas duas convenções, foi estabelecida a Agenda 21, que marcou o rumo da agenda da política ambiental posteriormente.

> 1997 – Instituição da Política Nacional de Recursos Hídricos, pela Lei nº 9433, de 8 de janeiro de 1997.
> Realização da 19ª sessão especial da Assembleia Geral da ONU para revisar e avaliar a implementação da Agenda 21, 23-27 de junho de 1997, Nova York.
> Firmado o Protocolo de Kyoto, que estabeleceu metas de redução de emissões de GEE. O Protocolo foi promulgado na normativa brasileira pelo Decreto nº 5.445, de 12 de maio de 2005.
> 1998 – Criação do Sistema Nacional de Unidades de Conservação, proposto na década de 1990, mas promulgado pela Lei nº 9.985, de 18 de julho de 2000.
> Aprovação da Lei nº 9.605, de 12 de fevereiro de 1998, que trata de crimes ambientais.

Esse dinamismo continuou na primeira década do século XXI, o que contribuiu para ampliar a PNMA e fortalecer a Política Ambiental Global, como já visto anteriormente.

Anos 1990

A década de 1990, pelo menos até sua primeira metade, foi ainda um período de afirmação das instituições democráticas brasileiras, com importantes reflexos na política ambiental; período em que o país se inseriu de modo mais incisivo e assertivo na dinâmica da Política Ambiental Global. De fato, percebe-se maior e mais profunda conexão entre o que acontecia ao nível local e a dinâmica da política internacional no que tange à temática ambiental. Nesse período, observa-se grande movimentação por parte do governo brasileiro quanto à agenda ambiental. São exemplos: fortalecimento da legislação ambiental do país, adensamento das estruturas para a sua gestão e ampliação da participação da sociedade civil nessas estruturas, além de esforços mais evidentes em direção ao desenvolvimento sustentável.

Nesse sentido, logo no início da década o governo criou o Ministério do Meio Ambiente pela Lei nº 8.028, de 12 de abril de 1990. À época, esse ministério foi denominado de Ministério do Meio Ambiente, dos Recursos Hídricos e da Amazônia Legal. Nesse processo, outros avanços foram sendo realizados, como mostra o box a seguir.

> **Estrutura atual do SISNAMA**
>
> *Órgão superior*: Conselho de Governo – assessora o presidente da República na formulação da política nacional e nas diretrizes governamentais para o meio ambiente e os recursos ambientais.
>
> *Órgão consultivo e deliberativo*: Conama – assessora, estuda e propõe ao Conselho de Governo diretrizes de políticas governamentais para o meio ambiente e os recursos naturais e delibera sobre normas e padrões compatíveis com o meio ambiente ecologicamente equilibrado e essencial à sadia qualidade de vida, na sua esfera de competência.
>
> *Órgão central*: Ministério do Meio Ambiente e Mudança do Clima – planeja, coordena, supervisiona e controla a PNMA.
>
> *Órgãos executores*: IBAMA e ICMBio – executam e fazem executar a política e as diretrizes governamentais para o meio ambiente, no âmbito de suas competências.
>
> *Órgãos seccionais*: órgãos ou entidades estaduais responsáveis pela execução controle e fiscalização de atividades com potencial para provocar a degradação ambiental.
>
> *Órgãos locais*: órgãos ou entidades municipais, responsáveis pelo controle e fiscalização dessas atividades no nível local.

Fonte: Sistematizado pela autora a partir de https://www.gov.br/mma/pt-br/composicao/secex/dsisnama/conheca_o_sisnama.

Ao mesmo tempo, o país desenvolveu ampla atuação internacional desde a oferta para sediar a CNUMAD no Rio de Janeiro, como sua própria atuação nas negociações que tiveram lugar nessa conferência. O país se comprometeu com a Agenda 21 e buscou, por meio da diplomacia ambiental, um lugar de destaque e de liderança nessa agenda.

A proposta brasileira de sediar a CNUMAD foi aceita pela AGONU, divulgada pela Resolução nº 44, de 22/12/1989. A mesma resolução informava as bases para a agenda e os objetivos da referida Conferência. Esse protagonismo do Brasil se expressou em meio a vários desafios: aumento do desmatamento na Amazônia, com a progressiva expansão da fronteira agrícola, estimulada, inclusive, por políticas governamentais, além das atividades de extração de madeira e mineração.

Em paralelo a tais desafios, nas áreas urbanas permaneceu o fenômeno do crescimento das grandes cidades, tornando mais complexa a adoção de políticas urbanas em sintonia com políticas de preservação ambiental. No campo, os conflitos pela terra também continuaram, particularmente na Amazônia. Além disso, o país enfrentava dificuldades para uma efetiva implantação das políticas ambientais então existentes. Impactos da MC já podiam ser identificados em algumas regiões mais vulneráveis e observava-se a pressão internacional sobre o governo federal para reforçar medidas de proteção ambiental, sobretudo da floresta tropical brasileira.

Nessa década, os avanços mais significativos foram a institucionalização da Política Nacional de Recursos Hídricos (PNRH) e a criação do Sistema Nacional de Unidades de Conservação, ambos fundamentais para a proteção do meio ambiente, e sintonizados com valores, entendimentos e diretrizes internacionais específicas para essas temáticas. Para além, foi decisiva a realização da CNUMAD, impulsionando a presença e participação do Brasil em fóruns multilaterais voltados para temáticas ambientais. Essa iniciativa do Brasil compôs um esforço maior de ampliar a visibilidade do país como importante parceiro e líder nessa agenda. Foi também uma oportunidade para incluir as partes interessadas no processo preparatório da participação do país na Eco-92. Essa participação envolveu governos estaduais e municipais, setor privado, movimentos sociais, ONGs e povos originários. O legado desse processo foi extraordinário para o Brasil e para todo o planeta.

Certamente, em nenhum desses momentos as ações e as políticas se desenvolveram sem conflitos e contradições. Apesar dos avanços e das ações positivas do governo brasileiro, vários interesses do setor produtivo conflitavam com os objetivos de uma política ambiental mais robusta e mais efetiva. Setores empresariais vinculados às atividades da mineração, da agropecuária e da indústria madeireira eram os mais resistentes, dado que seus interesses conflitam com os dos povos originários e tradicionais e com interesses coletivos da sociedade. No período, houve importante mudança no contexto internacional: vários agentes do setor financeiro e investidores começaram a considerar questões ambientais como parte de suas decisões quanto a investimentos, visando mitigar riscos de práticas não sustentáveis e explorar oportunidades para o desenvolvimento de tecnologia e para inovações. Esse fator influenciou o mundo empresarial, empurrando-o para maior abertura para a adaptação a regulações ambientais.

Como anfitrião da maior conferência até então realizada pela ONU, o Brasil teve um papel decisivo nas negociações dos principais pontos da agenda, como biodiversidade e MC, que culminaram na assinatura das respectivas convenções durante a CNUMAD: a UNFCCC e a CDB. O Brasil incorporou a Agenda 21, cujas ações de implementação tiveram início logo após a Conferência. Essas ações visavam adaptar princípios e objetivos da Agenda 21 à realidade brasileira e o processo envolveu diversos atores, governamentais e não governamentais, em todos os níveis – local, estadual e federal. Assim, a Agenda 21 brasileira ganhou vida e adotou como princípios fundamentais o desenvolvimento social e a redução da pobreza; conservação e manejo dos recursos naturais e fortalecimento da participação da sociedade civil.

Com a ampla mobilização para o debate da Agenda 21 brasileira, a implementação dessa Agenda abriu novas oportunidades, como, por exemplo, a formulação da Agenda 21 em diversos municípios e a criação de uma estrutura institucional para sua implementação. Esse processo, porém, apresentou muitas dificuldades e fragilidades dos governos nos vários níveis, dentre os quais a falta de recursos financeiros, ausência de recursos institucionais para uma efetiva coordenação das ações entre os diferentes níveis de governo, a persistência dos problemas ambientais, inclusive o desmatamento, um dos maiores e dos mais perenes problemas ambientais do país. Contudo, o legado desse processo foi extremamente importante para o futuro do Brasil e da PNMA.

Terceiro milênio

Desde a redemocratização, com a promulgação da CF/1988, a política ambiental brasileira passou a seguir uma rota de melhorias, ampliação e aprimoramento. Apesar dos vários desafios, dificuldades, divergências de entendimento e conflitos em relação à temática ambiental, essa política pública seguia seu curso. O desmatamento tem sido um dos maiores desafios, sobretudo por sua conexão com a expansão agrícola, a exploração madeireira e a mineração, alguns dos setores cujos interesses pressionaram o governo questionando o efeito das políticas e leis ambientais sobre o crescimento econômico.

Mesmo assim, a primeira década do novo milênio testemunhou várias iniciativas políticas e relevantes discussões sobre o tema, que conformaram a paisagem ambiental do país e sua posição no âmbito da Política Ambiental Global. Nesse período, alguns avanços foram cruciais: na política doméstica, houve esforços para a integração das políticas ambientais a programas de desenvolvimento social e econômico, e na política externa o Brasil se projetou como líder global na produção de biocombustíveis, sobretudo o etanol, desempenhou papel ativo em negociações internacionais relativas a temas da agenda ambiental, participando como player relevante e ocupando lugar de destaque e liderança nos principais tópicos dessa agenda. Por motivo de limitação de espaço e para efeito da exposição sobre a atuação brasileira no campo da política ambiental nesse período, interna e externamente, foram selecionados dois dos temas mais importantes dessa agenda: biodiversidade e mudança do clima.

BIODIVERSIDADE

Negociada durante a CNUMAD, a Convenção da Diversidade Biológica (CBD) entrou em vigor em 1993, sendo o Brasil um dos primeiros países a assiná-la ainda durante a Rio 92. O Brasil a ratificou pelo Decreto Legislativo nº 2, de 1994, que aprovou o texto da Convenção e, posteriormente, o Decreto nº 2.519, de 16 de março de 1998, que promulgou a CDB, garantindo que suas disposições fossem aplicadas no país. Por sua condição de país megadiverso, o Brasil teve papel fundamental na negociação da CDB durante a CNUMAD, defendendo a importância da preservação da biodiversidade por seu valor intrínseco e por sua função na manutenção dos ecossistemas e para o bem-estar humano.

O Brasil realizou vários esforços para a institucionalização de uma política específica e para implementar ações de conservação da biodiversidade. Tendo em vista a diversidade dos biomas brasileiros, as políticas para a sua preservação precisam atender às especificidades de cada um deles. O país tem enfrentado desafios para preservar espécies da fauna e da flora em risco de extinção e outros problemas. Para isso, tem buscado ampliar os parques nacionais, reservas biológicas e áreas de proteção ambiental; os planos de prevenção e controle do desmatamento são outro instrumento fundamental relativamente à proteção de espécies, além do Código Florestal, atualizado pela Lei nº 12.651, de 25 de maio de 2012 e, mais recentemente, modificado em alguns aspectos pela Lei nº 14. 285, de 29 de dezembro de 2021.

No sentido do aprimoramento da política ambiental brasileira e a ampliação para temas ainda não atendidos por uma política específica, e considerando a adesão do Brasil à CDB, a Medida Provisória (MP) nº 2.186-16, de 23 de agosto de 2001, deu um primeiro formato ao que viria a ser a política brasileira para a biodiversidade. Essa MP, conforme descrito em seu próprio texto, "regulamenta o inciso II do § 1º e o § 4º do art. 225 da Constituição, os arts. 1º, 8º, alínea 'j', 10, alínea 'c', 15 e 16, alíneas 3 e 4 da Convenção sobre Diversidade Biológica, dispõe sobre o acesso ao patrimônio genético, a proteção e o acesso ao conhecimento tradicional associado, a repartição de benefícios e o acesso à tecnologia e transferência de tecnologia para sua conservação e utilização, e dá outras providências".

Os aspectos mais fundamentais dessa MP incluem a regulação do acesso ao patrimônio genético; a proteção do conhecimento tradicional relativo ao patrimônio genético dos povos originários, comunidades locais e povos tradicionais; a repartição justa e equitativa com o país ou com as comunidades detentoras desse conhecimento, dos benefícios advindos da exploração econômica do patrimônio genético ou do conhecimento tradicional. Ainda, o estabelecimento do consentimento prévio informado por parte das comunidades detentoras do conhecimento tradicional relativamente ao acesso e uso de tal conhecimento; a determinação de que o acesso ao patrimônio genético e ao conhecimento tradicional deveria ser autorizado e controlado por um órgão governamental competente. A MP também definiu penalidades para crimes relacionados ao não cumprimento de suas determinações.

Ainda na construção da Política Nacional da Biodiversidade (PNBio), o Decreto nº 4.339, de 22 de agosto de 2002, instituiu princípios e diretrizes para a implementação dessa política com base na CDB, e estabeleceu os objetivos da PNBio, seus princípios e suas diretrizes gerais; criou a Comissão Nacional da Biodiversidade, CONABIO; estabeleceu um plano de ação para a implementação da PNBio; instituiu mecanismos de financiamento e definiu as bases para a sua integração a outras políticas nacionais e internacionais para o meio ambiente e o DS. Complementarmente, a Lei nº 13.123, de 20 de maio de 2015, definiu os parâmetros legais e institucionais PNBio, revogando a referida MP nº 2.186-16/2001, mas incorporando vários dos seus elementos por se tratar de regulamentação de norma Constitucional, no caso, partes do art. 225 da CF/88. Essa lei definiu um conjunto de órgãos e suas atribuições, tendo em vista implementar e monitorar a observância de suas determinações.

Quadro 19 – Estrutura institucional integrada e multissetorial para a gestão da biodiversidade

Entidade	Funções e responsabilidades
Conselho de Gestão do Patrimônio Genético (CGen)	Órgão deliberativo e normativo; é responsável pela gestão do patrimônio genético e do conhecimento tradicional associado. Define diretrizes e procedimentos para a repartição de benefícios e autoriza atividades de acesso.
Ministério do Meio Ambiente (MMA)	Responsável pela PNBio, coordena a implementação da Lei nº 13.123 e a integração com outras políticas ambientais e setoriais.
Instituto Brasileiro do Meio Ambiente e dos Recursos Naturais Renováveis (Ibama)	Atua na fiscalização do cumprimento da legislação ambiental, incluindo aspectos relacionados à biodiversidade, e na aplicação de sanções em caso de violações (ver também a Lei nº 7.735/1989).

Instituto Chico Mendes de Conservação da Biodiversidade (ICMBio)	Responsável pela gestão das unidades de conservação federais, pesquisa e conservação da biodiversidade, incluindo a proteção de espécies ameaçadas (Autarquia criada pela Lei nº 11.516, de 28 de agosto de 2007).
Comissão Nacional da Biodiversidade (CONABIO)	Fórum consultivo que reúne diversos setores da sociedade para discutir e propor diretrizes para a PNBio (Decreto nº 4.339/2002)
Sistema Nacional de Gestão do Patrimônio Genético e do Conhecimento Tradicional Associado (SisGen)	Sistema de registro para o acesso ao patrimônio genético e ao conhecimento tradicional associado, e para a repartição de benefícios, conforme previsto na Lei nº 13.123/2015.
Órgãos estaduais e municipais de meio ambiente	Atuam na implementação de políticas de biodiversidade nos níveis estadual e municipal, em coordenação com as diretrizes nacionais.
Comunidades tradicionais e povos originários	Participam no processo de tomada de decisão sobre o uso do conhecimento tradicional associado, e são beneficiários da repartição de benefícios.
Instituições de pesquisa e desenvolvimento	Realizam pesquisas e atividades de desenvolvimento tecnológico envolvendo o patrimônio genético e o conhecimento tradicional.

Fonte: Elaboração própria com base em: Lei nº 7.735/1989; Decreto nº 4.339/2002; Lei nº 11.516/2007; Lei nº 13.123/2015. A exposição dos diversos órgãos não atende a uma hierarquia em termos de comando, atribuições ou competências.

Atualmente, a PNBio continua enfrentando vários desafios, mas busca avançar em direção à sustentabilidade e à conservação da biodiversidade brasileira. A estrutura jurídica e organizativa para sua viabilização está constituída. Permanecem as pressões para frear o desmatamento e a necessidade de realizar um desenvolvimento com sustentabilidade, além das ações para a preservação de espécies em risco de extinção. Por sua condição de país megadiverso, o Brasil é um importante ator nessa agenda e deve manter os compromissos assumidos interna e externamente para a proteção da biodiversidade. Internamente, as iniciativas nesse sentido envolvem a implementação de programas de proteção ambiental que incluam a participação da sociedade e incorporem a educação ambiental como atividade relevante.

MUDANÇAS DO CLIMA

Desde a CNUMAD o Brasil tem se destacado nas negociações acerca da MGC, na discussão da UNFCCC e nas negociações no âmbito das COPs em torno das questões centrais que compõem a agenda do clima. Nesse fórum, o país tem se comprometido em reduzir emissões de GEE, controlar o desmatamento e preservar as florestas, além de incentivar o uso de energias limpas e renováveis. O Brasil tem sido visto como potencial líder nesse processo e como um exemplo dos desafios colocados para países em desenvolvimento no que se refere à conciliação entre desenvolvimento e sustentabilidade.

Também tem firmado posição quanto à observância do princípio das responsabilidades comuns, mas diferenciadas, à defesa de maior responsabilidade dos países desenvolvidos quanto ao atual quadro da concentração de GEE na atmosfera, à necessidade de políticas de flexibilização para os países em desenvolvimento, bem como de apoio financeiro para esses países lidarem com os efeitos adversos da MGC, implementarem políticas de adaptação e reduzirem suas próprias emissões. O Brasil ainda tem se posicionado na defesa de mecanismos de mercado tais como o Mercado de Carbono e o REDD+ (Redução de Emissões por Desmatamento e Degradação Florestal), como incentivo à manutenção das florestas.

REDD+

Objetivo: reduzir emissões de GEE provenientes do desmatamento e da degradação florestal, promover a conservação e o manejo sustentável das florestas e aumentar os estoques de carbono florestal em países em desenvolvimento.

Mecanismo: fornecimento de incentivos financeiros aos países em desenvolvimento objetivando a redução das emissões de CO_2 por meio da preservação e melhor gestão das florestas.

Componentes: redução de emissões provenientes do desmatamento e degradação florestal. Conservação e manejo sustentável das florestas; aumento dos estoques de carbono florestal.

> *Financiamento*: fontes públicas e privadas, incluindo fundos bi e multilaterais, com pagamentos baseados em resultados relativamente à verificação de reduções de emissões.
>
> *Medição, Relato e Verificação (MRV)*: exige a medição precisa do carbono armazenado e das emissões evitadas, juntamente com a transparência e a confiabilidade na coleta e no relato de dados.
>
> *Salvaguardas*: o REDD+ não deve prejudicar as comunidades locais ou a biodiversidade, deve incluir a promoção de benefícios sociais e ambientais e o respeito aos direitos dos povos originários e das comunidades locais.
>
> *Implementação*: deve envolver governos nacionais e subnacionais, comunidades locais e povos originários. É essencial que seja adaptado às condições locais.
>
> *Desafios*: vários, mas, principalmente, questões de governança, regulação da propriedade da terra, garantia de participação efetiva das comunidades locais, distribuição justa de benefícios e integração de objetivos de conservação com desenvolvimento econômico.
>
> *Impacto Potencial*: mitigação das mudanças do clima com efeitos sobre a conservação da biodiversidade e desenvolvimento sustentável.

Fonte: Elaboração própria com base em: http://redd.mma.gov.br/pt/redd-unfccc e https://unfccc.int/resource/docs/2010/cop16/eng/07a01.pdf.

Tendo em vista o papel desempenhado pelo Brasil no âmbito da construção do RIMC, tendo a UNFCCC como sua instituição fundamental, o país promulgou a Lei nº 12.187, de 29 de dezembro de 2009, que instituiu a PNMC. Esta é a principal lei brasileira para a questão e define objetivos, diretrizes e instrumentos de tal política. Além dessa lei, e como parte do Acordo de Paris, as Contribuições Nacionalmente Determinadas (NDC, na sigla em inglês) do Brasil compõem a PNMC, estabelecendo as metas de redução das emissões brasileiras.

As NDC são compromissos que os países assumem voluntariamente face aos termos do Acordo de Paris, expressando aspectos da política externa do Brasil para a questão climática. Mesmo não possuindo uma legislação específica e tendo sido implementadas posteriormente à promulgação da Lei nº 12.187/2009, as NDC encontram-se amparadas e alinhadas à legislação ambiental e climática vigente no país, dado que a referida Lei define objetivos e metas para a redução de emissões.

O histórico da construção da PNMC se inicia na CNUMAD, com a adoção da UNFCCC, ratificada pelo Brasil em fevereiro de 1994, pelo Decreto Legislativo nº 1º de 1994, seguido da promulgação do Decreto nº 2652, de 1º de julho de 1998. Esse processo também envolveu a participação ativa do Brasil nas negociações do Protocolo de Kyoto, cuja adesão foi ratificada em 2002, por meio do Decreto Legislativo nº 5 e, posteriormente, pela promulgação do Decreto nº 5.445, de 12 de maio de 2005. Ainda nesse processo, o Brasil também participou ativamente das negociações do Acordo de Paris, ratificando sua adesão a esse Acordo pelo Decreto Legislativo nº 140, de 2016, seguido pela promulgação do Decreto nº 9.053, de 5 de julho de 2017.

Um pouco anterior a essas adesões, o país lançou, em 2004, o Plano de Ação para Prevenção e Controle do Desmatamento na Amazônia Legal. Assim, a PNMC foi formalizada ao longo do processo de construção da política climática internacional, após a ratificação pelo país do Protocolo de Kyoto e a adoção de um plano para o enfrentamento e redução do desmatamento, um de seus maiores problemas ambientais. Em linhas gerais, a estrutura organizativa que dá vida à PNMC é composta por um complexo conjunto de órgãos.

Quadro 20 – Estrutura institucional vinculada à PNMC

Componente da estrutura institucional	Descrição e função
Ministério do Meio Ambiente e Mudança do Clima (MMA)	Órgão responsável pela coordenação e implementação da PNMC. Formula políticas, diretrizes e planos para a questão do clima e colabora com outros ministérios e entidades governamentais.
Fórum Brasileiro de Mudança do Clima (FBMC)	Órgão consultivo e deliberativo; composto por representantes do governo, sociedade civil, setor privado e comunidade acadêmica. Discute e propõe políticas e medidas relacionadas às mudanças climáticas. (Decreto nº 5.377, de 23 de fevereiro de 2005)

Comitê Interministerial sobre Mudança do Clima (CIM)	Com a atribuição de coordenar e integrar as políticas e ações relacionadas à mudança do clima em diferentes setores do governo, é composto por representantes de vários ministérios. (Decreto nº 6.263, de 21 de novembro de 2007)
Órgãos estaduais e municipais de meio ambiente	Governos estaduais e municipais possuem agências e secretarias de meio ambiente que implementam políticas e ações climáticas em nível local, alinhadas com a PNMC.
Comitês de Bacias Hidrográficas	São pivotais na gestão de recursos hídricos e fundamentais para a política climática (Lei nº 9.433, de 8 de janeiro de 1997).
Instituições científicas e de pesquisa	Organizações como o Instituto Nacional de Pesquisas Espaciais (Inpe) são relevantes parceiros e atuam no fornecimento de dados e realização de pesquisas essenciais para informar os agentes públicos e orientar as políticas de clima.
Setor privado e ONGs	Partes interessadas e parceiros na implementação de projetos e iniciativas voltadas ao clima, atuando em diversas áreas vinculadas à temática.
Fundo Nacional sobre Mudança do Clima (Fundo Clima)	Gerido pelo MMA, destina recursos para financiar projetos e estudos visando a mitigação da mudança do clima e a adaptação a seus efeitos. (criado pela Lei nº 12.114/2009 e regulamentado pelo Decreto nº 7.343/2010).
Agências reguladoras	Agências como a Agência Nacional de Energia Elétrica (ANEEL) e a (Agência Nacional do Petróleo, Gás Natural e Biocombustíveis (ANP) são responsáveis pela regulação de setores chave para a PNMC.

Fonte: Elaborado pela autora com base na legislação citada no próprio Quadro 20.

A lei que instituiu a PNMC é abrangente e aborda vários aspectos da mitigação e adaptação às mudanças do clima.

Quadro 21 – Síntese da Lei nº 12.187/2009

Aspecto	Detalhes da Lei nº 12.187, de 2009
Objetivo e escopo	Institui a PNMC e estabelece seus objetivos: conciliar o desenvolvimento econômico com a conservação da qualidade ambiental e do desenvolvimento sustentável. Em seu escopo, aborda a mitigação das emissões de GEE e a adaptação aos efeitos das mudanças do clima.
Metas de redução de emissões	Define metas nacionais voluntárias para reduzir as emissões de GEE em 36,1% a 38,9% em relação aos níveis projetados até 2020. Inclui setores específicos como energia, processos industriais, agricultura e gerenciamento de resíduos.
Instrumentos legais	Adota a elaboração de planos setoriais para mitigação e adaptação às mudanças climáticas em áreas-chave, como energia, transporte, indústria, agricultura, florestas e resíduos. Esses planos visam detalhar ações para mitigação e adaptação. Ainda, estabelece a promoção de energia renovável, biocombustíveis e eficiência energética. Além disso, define incentivos para pesquisa e desenvolvimento em tecnologias para mitigação e adaptação das mudanças climáticas e estabelece medidas fiscais e econômicas para estimular a redução de emissões e práticas sustentáveis.
Estrutura institucional	Envolve vários níveis e setores do governo (ver Quadro 20). Sua coordenação é feita pelo Comitê Interministerial sobre Mudanças Climáticas, visando garantir o gerenciamento integrado em diferentes setores e áreas governamentais. Cria o Fundo Nacional sobre Mudança Climática (Fundo Clima) para apoiar projetos e iniciativas relacionadas aos objetivos da política.
Participação e controle social	Incentiva a participação de diferentes setores da sociedade na formulação, implementação e avaliação de políticas climáticas. Enfatiza a necessidade de acesso público às informações sobre as mudanças climáticas.
Monitoramento e avaliação	Estabelece mecanismos para monitorar e avaliar a implementação da política e sua eficácia na redução de emissões e na adaptação às mudanças climáticas.
Medidas de adaptação	Concentra-se nas medidas de avaliação e adaptação de vulnerabilidades, especialmente em áreas sensíveis, como zonas costeiras, centros urbanos e agricultura.
Integração com outras políticas	A PNMC foi projetada para ser integrada a outras políticas e programas nacionais, garantindo uma abordagem coesa para lidar com as mudanças climáticas em diferentes setores.

Fonte: Elaboração própria com base na Lei nº 12.187/2009.

Considerando a complexidade das mudanças do clima e a necessidade de integrar ações voltadas para a mitigação de tais mudanças e de adaptação a elas, o Brasil possui um conjunto de medidas legais e estruturas institucionais que compõem o arcabouço institucional que lida com a questão climática. Esses instrumentos complementam e reforçam a PNMC, formando uma estrutura inter-relacionada, cobrem uma ampla gama de áreas, ilustrando a natureza multifacetada da política climática do Brasil. Dentre os instrumentos disponíveis, os mais relevantes são:

- Lei nº 9.478/1997: institui a Política Nacional de Energia e aborda a organização da indústria do petróleo; inclui disposições para o desenvolvimento de fontes de energia renovável, contribuindo para a redução das emissões de GEE.
- Lei nº 9.433/1997: institui a Política Nacional de Recursos Hídricos, promovendo o gerenciamento sustentável de tais recursos; inclui aspectos da adaptação das mudanças do clima, especialmente o gerenciamento de recursos hídricos no contexto de eventos climáticos extremos.
- Lei nº 11.097/2005 (biocombustíveis): incentiva a produção e o uso de biocombustíveis, particularmente biodiesel; apoia o Programa Nacional de Produção e Uso de Biodiesel (PNPB), buscando aumentar a participação de combustíveis renováveis na matriz energética do Brasil.
- Lei nº 12.187/2009: institui a Política Nacional de Resíduos Sólidos, estabelecendo diretrizes para a gestão e descarte de tais resíduos; tem impacto na mitigação das mudanças climáticas através da redução das emissões de metano desses resíduos.
- Decreto nº 7.390/2010: regula a PNMC e estabelece o Plano Nacional sobre as Mudanças Climáticas; define os papéis específicos das agências governamentais na implementação de políticas para as mudanças climáticas.
- Código Florestal: atualizado pela Lei nº 12.651/2012, regula o uso e a proteção da vegetação nativa, incluindo o gerenciamento de áreas de preservação permanente (APPS) e reservas legais (RLS).

- Decreto nº 9.578/2018: estabelece a política nacional de educação ambiental, que tem papel fundamental na conscientização sobre as mudanças climáticas e na promoção de práticas sustentáveis.
- Planos setoriais para mitigação e adaptação às mudanças climáticas: há definição para a elaboração de planos setoriais sob a PNMC, que devem se concentrar em áreas específicas, como agricultura, energia e silvicultura. Esses planos descrevem ações e estratégias detalhadas para cada setor.

Tendo em vista os diversos interesses que cada uma dessas medidas mobiliza, o processo de criação e regulamentação da PNMC no Brasil se dá em uma arena complexa povoada por diversos atores, que portam interesses bem diversos e, não raro, conflitantes. Assim, nessa arena, vários interesses convergem, competem e conflitam. Essa paisagem multifacetada envolve atores governamentais, do setor privado, organizações da sociedade civil, povos originários, comunidades locais e povos tradicionais, além de atores internacionais, cada um com seus próprios interesses, suas visões de mundo, seus valores, suas prioridades e suas perspectivas. Como não é possível discorrer mais detalhadamente sobre cada um deles, será apresentada uma breve apreciação sobre a perspectiva desses atores, mesmo correndo o risco de alguma simplificação.

No que se refere aos entes governamentais, alguns ministérios, como o do Meio Ambiente, da Agricultura e o de Minas e Energia, exercem significativa influência no debate e na elaboração das políticas vinculadas à questão climática. Em geral, é esperado que o Ministério do Meio Ambiente busque promover a proteção ambiental e o desenvolvimento sustentável, mas muitas vezes enfrenta reveses ao alinhar seus objetivos aos de outros ministérios. Ainda dentre os entes governamentais, é importante considerar os governos estaduais e municipais que desempenham papel crítico, particularmente na implementação e aplicação das políticas ambientais e no gerenciamento de recursos locais.

O setor privado no Brasil inclui um amplo conjunto de atividades, mas, para os propósitos dessa discussão, o foco é nas empresas vinculadas ao agronegócio, à mineração e à energia. Esses setores são poderosos no que diz respeito à política climática: são fortes agentes econômicos e grandes emissores de GEE; atuam em defesa de políticas e regulamentos voltados para o crescimento econômico e, em geral, opõem resistência a regulamentos ambientais mais rigorosos e que possam dificultar suas atividades.

Por seu turno, as organizações da sociedade civil e ONGs ambientalistas geralmente defendem políticas climáticas robustas e uma aplicação mais rigorosa dos regulamentos ambientais existentes. Atuam no sentido de responsabilizar o governo e o setor privado pelos problemas ambientais e pela aplicação débil das leis, ao mesmo tempo que promovem a conscientização do público e pressionam atores mais poderosos por ações mais ambiciosas no combate às mudanças do clima.

Os povos originários e as comunidades locais são partes interessadas e atores cruciais nessa agenda. Esses grupos geralmente são os mais vulneráveis e os mais atingidos por impactos ambientais. Desse modo, agem para proteger seus territórios da exploração e degradação e também para defender sua cultura e seu modo de vida.

Considerando a temática da MGC, é importante considerar os atores internacionais, incluindo governos estrangeiros, empresas multinacionais e ONGs e movimentos ambientalistas internacionais. Esses atores influenciam a política climática do Brasil pressionando as diversas partes interessadas e que atuam na formulação e na execução da PNMC; tal pressão é realizada por meio de canais diplomáticos, mecanismos de financiamento e iniciativas ambientais globais.

A negociação da política climática no Brasil deve levar em conta todo esse emaranhado de atores e interesses, o que a torna extremamente complexa. Os desafios a serem enfrentados nesse processo são, em geral: equilibrar os benefícios econômicos imediatos da exploração dos recursos com a sustentabilidade ambiental de longo prazo; garantir políticas consistentes em vários níveis de governo e a aplicação eficaz da regulação ambiental, levando em conta a vasta geografia do Brasil e as variadas capacidades dos governos locais; lidar com o atendimento de necessidades e direitos dos povos originários, dos povos tradicionais e das comunidades locais diante de projetos agrícolas e de mineração em larga escala; lidar com o cenário político do país, influenciado por mudanças em suas lideranças políticas e suas prioridades, o que pode afetar a continuidade e a eficácia das políticas climáticas. Há, finalmente, o desafio de equacionar os interesses nacionais em relação a compromissos e expectativas internacionais, principalmente no contexto das negociações climáticas globais. Esse é, portanto, um processo extremamente complexo e dinâmico.

REFLEXOS DO TEMPO: PASSADO, PRESENTE E FUTURO

Em meados de dezembro de 2023 foi concluída a 28ª Conferência das Partes. Após os debates, parece haver alguma esperança de que as decisões políticas dos senhores responsáveis pelo destino da humanidade estejam em maior sintonia com as necessidades prementes da atualidade. Nessa Conferência houve um acordo quanto à necessidade de uma profunda e rápida redução das emissões de GEE, que deve ser sustentável em médio e longo prazos. O abandono dos combustíveis fósseis foi entendido como crucial, o que deve ser realizado até 2050, e espera-se que tal processo se dê de forma justa, ordenada e equitativa.

Considerando-se as recomendações para o abandono dos combustíveis fósseis, as resoluções da COP 28 também indicam o imperativo de ampliar significativamente a capacidade de produção de energia renovável e aumentar a eficiência energética. Como ações nessa direção dependem de financiamento, a COP 28 também indicou o compromisso de aportar recursos financeiros em torno de 700 milhões de dólares para ajudar os países em desenvolvimento a lidar com os efeitos adversos da MGC. Ainda, cerca de 130 países assinaram uma declaração visando à inclusão da agricultura e da pecuária em seus planos nacionais para o enfrentamento de tais mudanças. Dentre as resoluções mais importantes encontra-se o compromisso de redução de emissões do gás metano por parte das empresas de petróleo e gás.

Face a essas resoluções, paradoxalmente, na semana seguinte à COP em Dubai, da qual o Brasil participou com uma das maiores delegações, a Agência Nacional de Petróleo, Gás Natural e Biocombustíveis (ANP) realizou licitação para a oferta de 603 blocos de exploração de petróleo e gás em várias áreas do país, inclusive na Amazônia. Ambientalistas têm criticado o leilão, afirmando que o aumento da produção de petróleo pode aumentar as emissões de GEE, além de ameaçar áreas ambientalmente sensíveis.

Essas idas e vindas no que diz respeito às ações voltadas aos problemas ambientais é recorrente. Elas expressam contradições profundas da difícil articulação entre desenvolvimento econômico e desenvolvimento sustentável. Elas também dizem sobre a dinâmica dos interesses que concorrem e competem no interior da agenda ambiental. De certa maneira, falam sobre avanços e recuos na construção e implementação da Política Ambiental, embora, ao se observar o processo histórico, tomando o caso específico do Brasil, identificam-se avanços, mesmo que não signifiquem vitória final de uma ou de outra força política, de um ou de outro interesse econômico.

Observa-se que, no Brasil, a política ambiental percorreu uma longa trajetória em um tempo relativamente curto. Mais recentemente, ela passou por mudanças que refletiram diferentes prioridades das sucessivas administrações. Consideradas as bases lançadas até o final do século passado, desde o início deste milênio até meados da sua segunda década, os avanços são consideráveis. Uma das conquistas mais notáveis foi a redução significativa nas taxas de desmatamento da Amazônia, principalmente no período compreendido entre 2009 e 2016. Esse desempenho resultou de políticas e programas estabelecidos pelo governo federal, por meio do Ministério do Meio Ambiente e de agências a ele vinculadas.

Como se sabe, tais resultados não aparecem de imediato e, em geral, não ocorrem sem resistência de setores cujos interesses são contrariados no processo. De 2003 a 2008, sob o comando da ministra Marina Silva, o Ministério do Meio Ambiente adotou medidas para a redução do desmatamento, principalmente: reforço do monitoramento e da fiscalização; criação de unidades de conservação e expansão de algumas já existentes;

incentivo e apoio ao uso sustentável de recursos florestais; e a regularização fundiária, esta última uma medida importante para reduzir e resolver conflitos de terra. A implantação desses dispositivos não se deu sem reação dos setores que se sentiram prejudicados.

Desde muito tempo que os conflitos pela terra, que refletem a persistência de um modelo baseado na concentração da propriedade agrária, são marcados pela violência e envolvem grandes proprietários de terra, madeireiros, mineradoras, camponeses, produtores rurais sem-terra, povos originários, seringueiros e quilombolas, dentre outros. Esses conflitos, em geral, estão relacionados à disputa por recursos naturais, ao acesso à terra, à expansão agrícola e às pressões para o desenvolvimento. Em 2005 ocorreu o assassinato de Dorothy Stang, em Anapu, Pará. Dorothy, missionária norte-americana naturalizada brasileira, foi morta aos 73 anos em razão de seus esforços em defesa das populações mais pobres e do meio ambiente na Amazônia. Dois fazendeiros foram condenados pelo crime e a morte da missionária teve grande repercussão nacional e internacional.

Apesar desse trágico acontecimento, e até em resposta a ele, as medidas para ampliar as ações e políticas de proteção e conservação do meio ambiente tiveram continuidade, com resultados muito positivos, como mostram dados do Inpe, por meio da plataforma Terra Brasilis. No mesmo período, houve investimentos em fontes de energias renováveis, dentre elas a eólica, bem como políticas para a redução de emissões de GEE, incluindo medidas para redução do desmatamento e controle de queimadas.

Desse modo, entre 2003 e 2016, o Brasil registrou vários progressos nas políticas ambientais, dentre os quais os mais relevantes são: (1) redução efetiva do desmatamento na Amazônia, que atingiu 27.772 quilômetros quadrados em 2004, caindo para cerca de 7 mil quilômetros quadrados em 2010, registrando a menor taxa em 2012, com 4.571 quilômetros quadrados; (2) Expansão considerável das áreas protegidas, incluindo terras indígenas e unidades de conservação; até 2010, o Brasil havia designado 700 mil quilômetros quadrados de novas áreas protegidas, tendência que continuou após essa data, mas em ritmo mais lento; (3) Maior investimento em energias renováveis, com aumento da capacidade de geração de energia eólica; (4) Comprometimento do Brasil com a UNFCCC quanto à redução das emissões de GEE: tal compromisso previa a redução de cerca de 39% das emissões até 2025, em relação aos níveis de 2005.

O governo do presidente Michel Temer representou o início de uma transição na política ambiental, já sinalizando mudanças nas prioridades, voltando a ênfase para o desenvolvimento econômico, sem maiores preocupações com a proteção ambiental. Apesar de se registrar uma redução nos esforços voltados às políticas ambientais ainda no governo da presidente Dilma Rousseff, a exemplo do sinal verde para a construção da Usina Hidrelétrica de Belo Monte, isso não se compara ao retrocesso que teve início na administração Temer e cujas consequências foram extremamente danosas às políticas ambientais. Dentre elas, podem ser citadas: o relaxamento na observância das regulações ambientais existentes; cortes orçamentários com repercussão na capacidade de atuação de órgãos de fiscalização e controle do cumprimento das leis ambientais; enfraquecimento da posição do Brasil na agenda climática internacional; alinhamento claro do governo aos interesses mais visíveis do setor agropecuário.

Dada a largada de volta ao passado, a eleição do presidente Jair Bolsonaro em 2018 sinalizava mudanças importantes na política ambiental brasileira. Seguindo a tendência adotada pela administração Temer, o discurso do presidente eleito era o de priorizar o crescimento econômico e negligenciar as políticas ambientais. Há medidas provisórias e vários decretos editados pelo governo Bolsonaro nesse sentido, o que tornou bastante complexa a tarefa de percorrer essa trilha. Desse modo, será feito apenas um apanhado mais geral de tais medidas, dentre as quais as mais importantes foram:

- Redução da fiscalização e do financiamento ambiental, dando continuidade a uma iniciativa do governo Temer. As agências mais atingidas foram o Ibama e o ICMBio. O corte de financiamento levou à redução da capacidade de monitoramento, aplicação de multas e outras ações contra o desmatamento ilegal e outros crimes ambientais.

- Enfraquecimento da participação da sociedade civil: o Decreto nº 9.806 de 28 de maio de 2019, que dispôs sobre a composição e o funcionamento do Conama, reduziu o número de representantes de organizações ambientalistas da sociedade civil e de entidades federais, estaduais e municipais, aumentando o poder do governo federal no Conselho. Esse Decreto foi revogado pelo Decreto nº 11.417, de 16 de fevereiro de 2023.
- Enfraquecimento das normas ambientais, com a redução das proteções para várias áreas ambientalmente sensíveis e simplificação do processo de licenciamento ambiental para projetos de infraestrutura.
- Promoção do agronegócio em detrimento da preservação ambiental, por meio de políticas de incentivo à expansão do setor, mesmo em áreas protegidas, como é o caso da Floresta Amazônica. Essa orientação envolveu esforços legislativos para o relaxamento de regulamentos de uso da terra e a liberação da atividade de mineração e agricultura em terras indígenas.
- Foram promovidas alterações no Código Florestal com o objetivo de reduzir a quantidade de terra ocupada por floresta que uma propriedade deveria manter preservada.
- Flexibilização de multas e penalidades para crimes ambientais, como parte de uma tendência a reduzir as consequências penais do desmatamento ilegal e outras violações ambientais.
- Ceticismo em relação a acordos e iniciativas internacionais no âmbito da agenda ambiental, com repercussões importantes na participação do Brasil em esforços globais como o Acordo de Paris.
- Redução do financiamento e das ações de cooperação internacional para a proteção da Amazônia.
- Tentativa de mudança no entendimento já formado pelo Brasil quanto às mudanças do clima e ao conhecimento científico que o informa, o que afetou a política brasileira para o clima e seu compromisso com a redução de emissões de GEE.

Em razão da atuação governamental, tensões e conflitos já existentes, relacionados às questões ambientais, se acirraram em diversos momentos, em parte como consequência das medidas de desregulamentação ambiental, incluindo a redução do poder de ação das agências de fiscalização, além dos discursos governamentais que indicavam a proteção ambiental como entrave ao desenvolvimento econômico. Um dos temas de maior tensão foi a questão relacionada às terras dos povos originários, devido às constantes invasões para a realização de atividades ilegais, como a exploração da madeira, a pesca e a mineração. Nesse contexto, ocorreu o assassinato do indigenista Bruno Pereira e do jornalista Dom Phillips, em 5 de junho de 2022, no Vale do Javari, segunda maior reserva indígena do Brasil, crime atribuído a indivíduos vinculados à pesca ilegal no referido vale. Esse tipo de violência expressa os conflitos e as disputas pelo controle e exploração dos recursos naturais da Amazônia, cuja preservação é frequentemente ameaçada por interesses econômicos.

Atualmente, há muitos esforços no sentido de reorientar as políticas ambientais brasileiras em direção à sustentabilidade, tarefa difícil e complexa, principalmente quando se trata de retomar um lugar de destaque e de liderança na Política Ambiental Global a partir da reconstrução de estruturas que foram desmontadas, ou mesmo implodidas, por ações de administrações anteriores, em um contexto no qual forças conservadoras e contrárias a políticas ambientais mais robustas se encontram fortalecidas, mais confiantes e mais atuantes.

Os compromissos sinalizados pelo atual governo incluem, dentre outros, revisão de medidas tomadas pelo governo anterior, maior compromisso com o cumprimento da regulação ambiental existente, reengajamento em acordos internacionais, como o Acordo de Paris, e a adoção de medidas de desenvolvimento orientadas para os princípios e as práticas da sustentabilidade. Mesmo com tais sinalizações, há paradoxos, como o leilão para exploração de petróleo e uma possível participação do Brasil na Opep, além de muitos obstáculos e desafios.

Reconstruir as políticas ambientais implica, dentre outras estratégias, realizar mudanças políticas e recompor a capacidade institucional das agências, o que demanda apoio político nas casas legislativas e no âmbito da sociedade. Reafirmar compromissos internacionais do Brasil na agenda ambiental implica, por exemplo, rearticular apoio interno para sustentá-los – empenhar-se em cumprir os compromissos estabelecidos pelo Brasil junto ao Acordo de Paris envolve dialogar tanto com atores da sociedade civil quanto com importantes partes interessadas vinculadas aos setores de energia, mineração e agronegócio. Esses mesmos setores são parceiros fundamentais para a redução do desmatamento da Amazônia e de outros biomas, inclusive o Cerrado. E isso demanda capacidade de articulação do governo federal, além de maior descentralização dos processos decisórios.

Equilibrar desenvolvimento econômico com sustentabilidade ambiental é um desafio para qualquer administração, principalmente em um país com forte dependência da agricultura e da mineração. Não há dúvida de que tais conquistas demandam que o governo navegue por paisagens complexas e diversidade da opinião pública, buscando equilibrar vários interesses com a promoção da inclusão real dos povos originários, ambientalistas e setores econômicos diretamente interessados. Além disso, cumpre retomar a agenda das políticas de mitigação das mudanças do clima, principalmente no que diz respeito à transição energética. A segurança energética no Brasil demanda maior independência do setor tanto das fontes fósseis como da hídrica. E nesse aspecto há um longo caminho a ser trilhado.

Embora os sinais sejam promissores, o governo enfrenta resistências, desafios e demandas reais para tornar efetivas as políticas já existentes e progredir em áreas como redução do desmatamento e mitigação das mudanças climáticas. A sociedade brasileira e a comunidade global observam de perto o Brasil, dado o papel crítico do país na cooperação pela manutenção da saúde ambiental global, especialmente no que diz respeito ao papel da Floresta Amazônica para o equilíbrio do ecossistema planetário.

Conclusão

O objetivo deste livro é fornecer uma visão abrangente das principais questões e conceitos que moldam o cenário da política ambiental global. Ao longo dos capítulos, foram investigadas as complexidades da governança ambiental, os desafios representados pela rápida industrialização e pelo crescimento populacional e a importância crítica do desenvolvimento sustentável. Os capítulos iniciais prepararam o terreno, contextualizando os problemas ambientais na estrutura do Antropoceno, enfatizando a interconectividade das questões ambientais globais e a necessidade urgente de soluções sustentáveis. As discussões sobre o crescimento exponencial da população humana, a industrialização e o consumo crescente de recursos naturais ressaltam a natureza premente desses desafios.

Desse modo, o primeiro capítulo explorou, de forma abrangente, as questões ambientais considerando suas implicações locais, internacionais e globais, além de contextualizar o impacto das atividades humanas no meio ambiente. Ressaltou a necessidade de pensar a questão ambiental em termos de sua conexão local/global, levando em conta a interdependência e a responsabilidade compartilhada entre as nações. Discutiu também como os problemas ambientais são socialmente construídos, reconhecendo as dimensões objetiva e intersubjetiva desses problemas e dos impactos que geram. O capítulo serve como uma exploração fundamental dos desafios ambientais, preparando o cenário para uma compreensão mais profunda da política ambiental internacional.

O segundo capítulo tratou da Política Ambiental Internacional, oferecendo uma visão bastante abrangente do seu processo e também dos conceitos-chave que permitem sua melhor compreensão, para oferecer aos leitores uma visão mais ampla do contexto histórico e da evolução da Política Ambiental a partir das grandes conferências ambientais internacionais.

O terceiro capítulo investigou os meandros da governança ambiental global, lançando luz sobre a natureza multifacetada das negociações ambientais internacionais, o papel dos regimes internacionais e o significado das comunidades epistêmicas na formação de políticas ambientais. Ele forneceu uma visão ampla dos mecanismos e estruturas da governança ambiental global, destacando a importância de diversos atores além dos Estados. Foi ressaltada a importância crítica da governança ambiental global ao abordar os desafios ambientais prementes que o planeta enfrenta e apresentada uma compreensão mais profunda da complexidade da dinâmica da Política Ambiental Internacional.

Finalmente, o quarto capítulo se concentrou no papel do Brasil na governança ambiental global e na constituição da política ambiental brasileira, desde os anos 1970 até os dias atuais, examinando os desafios enfrentados pelo país para equilibrar desenvolvimento econômico e proteção ambiental. Observando a participação do país em arenas multilaterais de negociações sobre temáticas ambientais, percorreu-se o processo de construção da política ambiental brasileira.

O livro enfatizou, por fim, a necessidade de uma abordagem coordenada e cooperativa para o entendimento da Política Ambiental, que deve envolver diversos atores, governamentais e não governamentais. Essa abordagem se baseia em uma perspectiva histórica sobre a evolução da política ambiental internacional, oferecendo uma compreensão holística dos desafios ambientais globais e o imperativo para soluções colaborativas e sustentáveis. A necessidade de uma mudança de paradigma nas relações internacionais foi ressaltada, a fim de priorizar a sustentabilidade ambiental e abordar as questões prementes que transcendem as fronteiras nacionais.

Sugestões de leitura

O livro *Global Environmental Politics*, de autoria de Pamela S. Chasek, David L. Downie e Janet Welsh Brown, já na sétima edição, apresenta visão abrangente do cenário complexo e em evolução da governança ambiental internacional. Os autores investigam o contexto histórico, os principais atores e acordos, além dos desafios que se apresentam ao tratamento de questões ambientais globais. Destaca ainda a natureza interconectada das questões ambientais e a necessidade de ação coordenada em nível internacional, explorando alguns estudos de caso.

A coletânea editada por Ken Conca e Geoffrey D. Dabelko, *Green Planet Blues,* oferece visão ampla sobre vários tópicos relacionados à política ambiental, com foco em temas-chave como mudanças climáticas, segurança ambiental, sustentabilidade e justiça ecológica. Um dos aspectos centrais do livro é a exploração dos desafios e oportunidades na construção de instituições e mecanismos de governança para o meio ambiente. O livro combina vozes acadêmicas e profissionais para inspirar reflexões críticas e debate sobre o estado do nosso planeta.

Especificamente sobre as mudanças climáticas, um excelente manual é o livro publicado por Farhana Yamin e Joanna Depledge, *The International Climate Change Regime: A Guide to Rules, Institutions and Procedures*. Embora editado em 2004, esse manual continua sendo uma excelente contribuição para maior conhecimento desse regime internacional, dado que fornece um guia abrangente e acessível ao complexo mundo da governança das mudanças climáticas. A obra aborda as regras, instituições, procedimentos e práticas estabelecidas sob a UNFCCC e o Protocolo de Kyoto. Os principais objetivos do livro são ajudar os recém-chegados a entender o regime, ajudar os especialistas a ampliarem seus conhecimentos e fornecer informações valiosas para negociadores, formuladores de políticas, partes interessadas, pesquisadores e outros profissionais envolvidos nas negociações de mudanças climáticas.

Para quem pretende maior compreensão de alguns conceitos fundamentais relativos à governança ambiental global e à política ambiental, um excelente material é a *Encyclopedia of Global Environmental Governance and Politics*, editada por Phillip H. Pattberger e Fariborz Zelli. Nesse livro, o leitor poderá encontrar alguns conceitos fundamentais, desse subcampo, bem como um apanhado amplo de teorias e métodos mais comumente mobilizados para o desenvolvimento de pesquisas e análises sobre a temática, um panorama geral de atores, organizações e instituições que performam nessa arena temática, as principais questões tratadas e alguns temas transversais e tópicos emergentes. No geral, a enciclopédia serve como um valioso guia de referência para entender a dinâmica da governança ambiental global, lançando luz sobre os desafios e oportunidades em abordar questões ambientais em escala mundial.

Lista de siglas

- AGONU – Assembleia Geral da Organização das Nações Unidas
- AIA – Avaliação de Impacto Ambiental
- BID – Banco Interamericano de Desenvolvimento
- CDB – Convenção da Diversidade Biológica
- CE – Comunidades Epistêmicas
- CF/1988 – Constituição da República Federativa do Brasil de 1988
- CFC – Clorofluorocarbono
- Cemaden – Centro Nacional de Monitoramento e Alerta de Desastres Naturais
- Cites – Convenção sobre o Comércio Internacional de Espécies da Fauna e Flora Selvagens em Perigo de Extinção (sigla em inglês para *Convention on International Trade in Endangered Species of Wild Fauna and Flora*)
- CMDS – Cúpula Mundial sobre o Desenvolvimento Sustentável
- CNUMAH – Conferência das Nações Unidas sobre o Ambiente Humano
- CNUMAD – Conferência das Nações Unidas sobre Ambiente e Desenvolvimento
- CNUDS – Conferência das Nações Unidas sobre o Desenvolvimento Sustentável
- CONABIO – Comissão Nacional da Biodiversidade
- Conama – Conselho Nacional do Meio Ambiente
- COP – Conferência das Partes

- DS – Desenvolvimento Sustentável
- ECOSOC – Conselho Econômico e Social da ONUC (sigla em inglês para *Economic and Social Council*)
- EIA – Estudo de Impacto Ambiental
- EPA – Agência Ambiental dos Estados Unidos (Sigla em inglês para *Environmental Protection Agency*)
- GEE – gases de efeito estufa
- Ibama – Instituto Brasileiro do Meio Ambiente e dos Recursos Naturais Renováveis
- ICMBio – Instituto Chico Mendes de Conservação da Biodiversidade
- Inpe – Instituto Nacional de Pesquisas Espaciais
- IPBES – Plataforma Intergovernamental sobre Biodiversidade e Serviços Ecossistêmicos (sigla em inglês para *Intergovernmental Science-Policy Platform on Biodiversity and Ecosystem Services*)
- IPCC – Painel Intergovernamental sobre Mudanças Climáticas (sigla em inglês para *Intergovernmental Panel on Climate Change*)
- MA – Meio Ambiente
- Marpol – Convenção Internacional para Prevenção da Poluição por Navios (sigla em inglês para *International Convention for the Prevention from Ships – Marine Pollution*)
- MDL – Mecanismo de Desenvolvimento Limpo
- MC – Mudanças Climáticas
- MGC – Mudança Global do Clima
- MP – Medida Provisória
- NDC – Contribuições Nacionalmente Determinadas (Sigla em inglês para *National Determined Contributions*)
- ODM – Objetivos do Desenvolvimento do Milênio
- ODS – Objetivos do Desenvolvimento Sustentável
- OI – Organizações Internacionais
- OIG – Organizações Internacionais Governamentais
- OMC – Organização Mundial do Comércio

- OMM – Organização Meteorológica Mundial
- OMS – Organização Mundial da Saúde
- ONG – Organização Não Governamental
- Opep – Organização dos Países Produtores de Petróleo
- PIN – Plano de Integração Nacional
- PNBio – Política Nacional da Biodiversidade
- PNMC – Política Nacional sobre Mudança do Clima
- PNRH – Política Nacional de Recursos Hídricos
- PNUMA – Programa das Nações Unidas para o Meio Ambiente
- PNUD – Programa das Nações Unidas para o Desenvolvimento
- Pronacop – Programa Nacional de Controle da Poluição Industrial
- REDD+ – Redução de Emissões por Desmatamento e Degradação Florestal (sigla em inglês para *Reduction Emissions From Deforestation and Forest Degradation in Developing Countries*)
- RI – Relações Internacionais
- Rima – Relatório de Impacto Ambiental
- RIMC – Regime Internacional de Mudanças Climáticas
- Sema – Secretaria de Meio Ambiente
- SISNAMA – Sistema Nacional do Meio Ambiente
- Sodema – Sociedade de Defesa do Meio Ambiente
- Unesco – Organização das Nações Unidas para a Educação, Ciência e Cultura (sigla em inglês para *United Nations Educational, Scientific and Cultural Organization*)
- UNCCD – Convenção das Nações Unidas de Combate à Desertificação (sigla em inglês para *United Nations Convention to Combat Desertification*)
- UNCLOS – Convenção das Nações Unidas sobre o Direito do Mar (sigla em inglês para *United Nations Convention on the Law of the Sea*)
- UNFCCC – Convenção-Quadro sobre Mudanças Climáticas (sigla em inglês: *United Nations Framework Convention on Climate Change*)

Bibliografia

CRUTZEN, P. J.; STOERMER, E. F. The "Anthropocene". *Global Change Newsletter*, 41, 17, 2000.

HAAS, Peter. Introduction: epistemic communities and international policy coordination. In: *International Organization* v. 46, n. 1, Cambridge: MIT Press, inverno 1992.

KARNS, Margaret P.; MINGST, Karen A.; STILES, Kendall W. *International Organizations:* the politics and processes of global governance. 3rd ed. Boulder: Lynne Rienner Publishers, 2015.

KEOHANE, Robert O.; NYE, Joseph S. *Power and Interdependence.* 3. ed. [S.I.]: Pearson Longman, 2001.

KEOHANE, R.; VICTOR, D. The regime complex for climate change. In: *Perspectives on Politics*, 9 (7), 7–23. 2011.

KRASNER, Stephan D. *International Regimes.* New York: Cornell University Press, 1983.

KRASNER, Stephen. Causas estruturais e consequências dos Regimes Internacionais: regimes como variáveis intervenientes. In: *Revista de Sociologia e Política.* Curitiba. Vol. 20. Nº 42. Junho 2012. Páginas 93-110.

LAGO, André Aranha Corrêa do. *Conferências de desenvolvimento sustentável.* Brasília: FUNAG, 2013.

MCGINNIS, Michael D; OSTROM, Elinor. "Reflections on Vincent Ostrom, Public Administration, and Polycentricity." In: *Public Administration Review*, 72 (1), 2011, 15-25. Disponível em https://onlinelibrary.wiley.com/doi/10.1111/j.1540-6210.2011.02488.x. Acesso em 12 abr. 2023.

MITCHELL. Ronald B. *International Politics and the Environment.* London: SAGE Publications, 2010.

OSTROM, Elinor; JANSSEN, Marco A. Multi-Level Governance and Resilience of Social-Ecological Systems. In: BACHE, Ian; FLINDERS, Matthew. *Multi-Level Governance:* Interdisciplinary Perspective. Oxford University Press: 2003

ROCKSTRÖM, Johan et al. Planetary Boundaries: Exploring the Safe Operating Space for Humanity. 2009. In *Ecology and Society.* v. 14, Issue 2/art 32. Disponível em https://www.ecologyandsociety.org/vol14/iss2/art32/. Acesso em: 20 mai. 2020.

YOUNG, Oran, *International Governance*: protecting the environment in a stateless society. Ithaca, NY: Cornell University Press, 1994.

A autora

Matilde de Souza é professora do Departamento de Relações Internacionais da Pontifícia Universidade Católica de Minas Gerais (PUC-Minas) e do seu programa de pós-graduação. É pesquisadora bolsista de produtividade do Conselho Nacional de Desenvolvimento Científico e Tecnológico (CNPq). Integra o grupo Research Fellows do Earth System Governance Project e a equipe de pesquisadores Waterlat-Gobacité.

CADASTRE-SE
EM NOSSO SITE,
FIQUE POR DENTRO DAS NOVIDADES
E APROVEITE OS MELHORES DESCONTOS

LIVROS NAS ÁREAS DE:

História | Língua Portuguesa
Educação | Geografia | Comunicação
Relações Internacionais | Ciências Sociais
Formação de professor | Interesse geral

ou
editoracontexto.com.br/newscontexto

Siga a Contexto
nas Redes Sociais:
@editoracontexto

GRÁFICA PAYM
Tel. [11] 4392-3344
paym@graficapaym.com.br